梁晶工作室
LIANGJING PUBLISHING STUDIO
http://www.ljps.com.cn

WILEY
Publishers Since 1807
www.wiley.com

资产证券化

理论与实务

借鉴美国资产证券化的经验
探讨中国资产证券化的发展

[美] 扈企平（Joseph Hu） 著
李 健 译

中国人民大学出版社

献给我的父亲扈先德、母亲余佩华

中文版序

我于 2005 年底有幸回到阔别五十多年的中国，继而对国内金融市场有了较为深刻的认识与了解，真是难能可贵的机会与经验。在与政府官员、学者和业界的互动之中，发觉资产证券化对发展债券市场、扩大直接融资、完善中国金融体系都具有积极的意义与贡献，因而产生了出版一本中文著作介绍这个在美国非常成功的金融工具的构想。

能够在国内出版一本关于资产证券化的书，将在美三十年来的学习及工作心得与读者和业者们分享，不仅是个人心愿的实现，也见证了中国金融市场的渐趋成熟。在此由衷感谢梁晶工作室的梁晶女士，没有她的鼓励和支持，本书无法如此顺利而迅速地问世。此外，更要对本书的译者李健先生致谢。他在繁忙的工作之余，仔细地将原稿翻译成中文，并不厌其烦地权衡修改，力求传神。本书如有任何疏漏之处，敬请读者指正。读者能够从书中有所获益并应用于实践，推动资产证券化在中国的发展，是我最大的心愿。

扈企平

2007 年 5 月于北京

前　言

本书部分内容来源于作者的英文原著 *Basics of Mortgage-Backed Securities*。原著第一版于 1996 年在美国出版，是当时美国最早系统论述资产证券化发展的著作之一。2000 年，作者根据住房抵押贷款证券化市场的发展作出修订，出版了第二版。现在作者在第一、二版的基础上，结合最近这几年在亚太地区为行业人员培训的资料、专题演讲的讲稿以及在中国报刊杂志上的撰文作出进一步增订，并由其在北京标准普尔的同事李健翻译成中文。

出版中文版的主旨是向中国读者介绍资产证券化产品的基本概念，帮助读者深入了解几种主要的资产证券化产品，如住房抵押贷款支持证券、消费贷款支持证券、商业房地产抵押贷款支持证券和债务抵押债券等等。这些证券在美国是极为成功的金融创新。但是，即使在美国也鲜有专门著作对其作出全面论述。市场上的相关资料主要是华尔街投资银行研究部门撰写的研究报告，偏重于对资产证券化产品的投资方面进行推介，但缺乏技术细节方面的描述。在投资领域，几乎美国每一个固定收益投资经理在他们的投资组合中均包含有资产证券化产品。但投资经理们对这些产品的了解往往来自于工作中的经验，而非在商学院中的学习。因此，这些投资经理对资产证券化产品经常缺乏全面的认识，而只有具备这种全面认识，才有助于加深对资产证券化产品的理解并更好地管理这些产品。

本书最大的特点是，对美国最早出现、也最为典型的资产证券化产品及其基础资产，也就是住房抵押贷款支持证券和住房抵押贷款进行了系统介绍，以帮助读者理解资产证券化作为一种重要的住房融资工具和固定收益投资产品的复杂所在。了解住房抵押贷款证券化交易中基础资产的信用质量、交易的法律结构和现金流结构，是读者进一步掌握其他类型资产证券化产品的基础和出发点。本书从房地产市场、住房融资和固定收益证券投资等方面对住房抵押贷款支持证券予以讨论，在这个过程中对资产证券化产品进行了定性和定量分析，并详细描述了资产证券化业务的操作流程。这些美国的市场发展历程与经验对中国资产证券化业务的开展无疑具有积极的参考价值。

本书适用于国内商学院或金融院校的高年级本科生和研究生，也有助于刚刚入门的从业人员了解资产证券化产品的起源、发展、成就和投资表现，希望能对资产证券化在中国的发展起到应有的借鉴及催化作用。

目　录

第1章
资产证券化的概念、中介机构和要素

资产证券化的基本概念

资产证券化市场的中介机构

资产证券化的八大要素

资产证券化（asset securitization）的概念和实践兴起于20世纪70年代初期的美国，当时住房抵押贷款（residential mortgage）被打包起来用于发行住房抵押贷款支持证券（pooled for the issuance of residential mortgage-backed securities）。在短短的30多年中，资产证券化市场已经发展成为美国资本市场（capital market）一个最主要的构成部分。在资产证券化市场发展的初期，证券化产品的基础资产（underlying asset）只有住房抵押贷款一种。而现在，几乎任何金融资产（financial asset）——只要具有可预测和可回收的未来现金流（predictable and receivable future cash flow），都可被用做资产证券化的基础资产。在本章我们将讨论资产证券化的基本概念、交易的中介机构和证券化交易极为关键的八大要素。

资产证券化的基本概念

资产证券化是在资本市场上进行直接融资的一种方式。与发行其他金融产品（例如债券及股票）类似，资产证券化发行人在资本市场交易中是通过向投资者发行资产支持证券进行融资。不同之处在于，资产证券化产品的还款来源是一系列未来可回收的现金流，产生这些现金流的资产可以作为基础抵押资产对资产证券化产品起到支持作用。因此，资产证券化的实质是，出售未来可回收的现金流从而获得融资。在绝大多数情况下，资产支持证券的发行人（issuer）同时也是该证券基础资产的发起人（originator of the underlying asset）。基础资产涵盖的范围很广，包括住房抵押贷款、商业房地产抵押贷款（commercial mortgage）、消费贷款（consumer loan）、商业租赁合约（commercial lease contract）以及其他任何具有可回收现金流的金融工具。近年来，又出现了一些新的广受欢迎的资产证券化产品，其基础资产本身甚至就是资产证券化产品。

由于资产证券化产品的机制是组合基础资产的现金流（cash flow of a portfolio of underlying asset）来发行证券，因此一般又被称为资产支持证券（asset-backed securities，ABS）。从会计的角度看，发行资产证券化产品与政府、企业或其他组织通过发行债券的方式来筹措资金是不一样的。具体来说，资产证券化具有以下五个明显的特点：

- 资产证券化产品是通过一个特设机构——特殊目的实体（special purpose vehicle，SPV）来发行；

- 资产证券化产品在基础资产发起人的会计处理上表现为资产出售（asset sale），而不是债务融资（debt financing）；
- 在资产证券化交易中，需要为投资者提供基础资产的维护服务（servicing）；
- 资产证券化产品的信用主要取决于基础抵押资产的信用（credit of the underlying asset）；
- 资产证券化产品通常需要进行信用增级（credit enhancement）。

为了避免在后面的讨论中可能出现混淆，我们在这里介绍几个资产证券化的基本术语。除非特别说明，本书中的表述和分析都是从发起人的视角出发的。发起人是资产证券化交易中最初拥有基础抵押资产的机构或法人，如果基础抵押资产是银行的贷款，那么发放贷款的银行就是发起人。因此，在一般情况下，发起人（originator）和贷款人（lender）两者的含义是相同的。这两个术语可以互相替代使用。此外，由于资产证券化的目的主要是使那些拥有基础资产（贷款（loans））的人获得融资，贷款是他们的资产。因此，资产和贷款这两个术语在资产证券化中可以互相替代使用。资产证券化产品的发行人在绝大多数情况下是一个由发起人设立的特殊目的实体。所以，尽管发起人（贷款人）和发行人在法律上是两个不同的主体，但是他们在资产证券化交易中有着密切的经济联系。

特殊目的实体

特殊目的实体的存在是资产证券化一个最重要的特征。特殊目的实体是一个具有信托性质的实体，其设立的目的是为了从资产出售方（发起人）购买可回收的现金流（基础资产），购买资金来源于向投资者发行受益权证（certificate of beneficial interest），即资产支持证券。偿还证券的本金和利息（principal and interest）所需的现金流则完全来自上述从资产出售方所购买的基础资产，而发行证券筹集到的资金也仅用于向资产出售方购买基础资产，如图 1—1 所示。

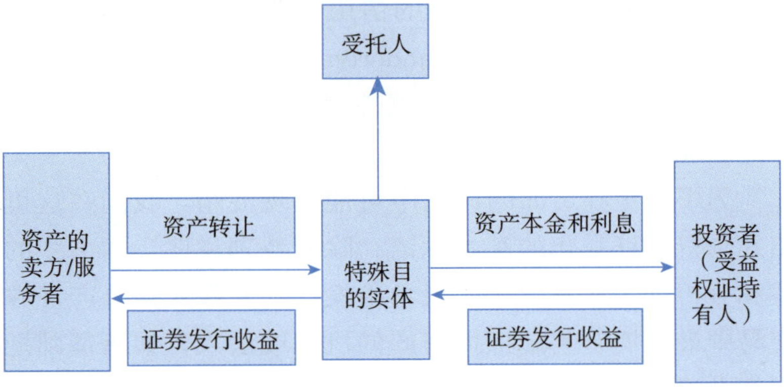

图 1—1　资产证券化现金流示意图

从特殊目的实体的资产负债角度看，除了从出售方购买的基础资产之外，SPV 没有任何其他的资产；同时，除了发行证券带来的债务之外，SPV 也没有任何其他的负债。正是由于这一特殊而严格的资产负债结构，SPV 实现了破产隔离（bankruptcy remote）。也就是说，如果基础资产的发起人出现破产的情况，不能用 SPV 的资产来清偿债务。由于资产证券化交易是通过 SPV 这一特殊的法律实体来实施，同时，偿还所发行证券的利息和本金是通过组合基础资产未来可回收的现金流来实现的，因此这种融资方式也被称为结构化融资（structured finance）。在习惯上我们将其称为资产证券化，或者简单地称之为证券化。

在本书的以下部分，资产证券化产品（asset securitization product）泛指由任何类型基础资产支持的各种证券。作为行业惯例，资产支持证券仅代表那些不是由住房抵押贷款和商业房地产抵押贷款提供支持的证券，只有由信用卡（credit card）、汽车贷款（auto loan）、助学贷款（student loan）以及其他消费贷款所支持的证券才被狭义地称为资产支持证券。

资产出售和债务融资

由于资产证券化是通过出售资产来获得融资，因此它的一个显著优点是，对于资产出售者而言，它是一种非常有效的资产负债管理方法（effective means of asset-liability management）。这种融资方式可以使出售者将其资产的未来现金流变现。所以，资产证券化不是一种债务融资方式，因为这种筹措资金的方式没有增加发起人的资产负债表规模。此外，通过出售资产融资，出售人不再需要相应的负债来为其资产提供资金支持，甚至可以因此偿还部分债务。因此可以说，当一个实体通过发行资产证券化产品来筹措资金时，该融资方式还具有“收缩”资产负债表（balance sheet）规模的效应。相反，如果通过发行债券的方式来筹措资金，则会产生“扩张”资产负债表规模的效应。

服务的必要性

维护服务是资产证券化交易所独有的功能。这是由于偿还资产证券化产品利息和本金的唯一资金来源是基础资产的未来现金流，需要有机构对这些现金流进行收集并按照约定转付给投资者（证券持有人（certificate holder））。这样的机构被称为服务方，证券化交易的服务方通常是向 SPV 出售基础资产的出售人。相比之下，公司债券和政府债券（corporate debt and government debt）则不需要服务方，因为偿还利息和本金的资金来源于发行人的利润或税后收入，而不是某种基础资产。

在授予人信托发展初期，服务方只能行使被动服务的职能。这是因为法律不允许服务方对基础资产进行现金流主动管理（active management of cash flow）。具体地说，现金流被动管理（passive management of cash flow）是指服务方既不能对临时现金流——在服务方收到现金流和向证券持有人转交现金流的间隔期，SPV 所临时拥有的现金流——进行再投资，也不能在不同的证券持有人之间进行现金流分配（allocation of cash flow）。后来，新的立法允许服务方对现金流进行主动管理，服务方可以用临时现金流购买短期货币市场工具来获得投资回报，也可以根据期限的不同在证券持有人之间按照优先次序分配现金流。

本书后面的章节中将论述，服务方具有分配现金流的能力对于资产证券化产品而言至关重要。当服务方具备了主动管理现金流的能力后，基础资产的现金流才有可能被创新性地划分为不同的信用档次（credit class）和期限档次（maturity class）。资产证券化产品因而可以按照不同的信用档次和期限档次来发行。

基础资产的信用

由于支付证券化产品利息和本金的现金流完全来自其基础资产，因此，证券化产品的信用主要取决于基础资产的信用。我们在后面的章节中会论述，一个借款实体或一个债务工具的信用是指其债务发生违约的可能性。非常重要的一点是，基础资产的信用级别（credit symbol）在不同的经济条件下会发生变化。在经济繁荣期，基础资产通常表现出色，发生违约的概率比较低。相反，基础资产在经济萧条期发生违约的概率会比较高。这一特点明显不同于政府债券或企业债券的信用决定因素。政府债券的信用取决于政府在不同的经济条件下通过净财政收入偿还债务的能力。企业债券的信用取决于企业的财务状况、盈利潜力以及在不同经济环境下偿还债务的能力。

信用增级的必要性

基础资产的信用有时不足以支持发行证券化产品所必需的信用级别。在这种情况下，可以采用信用增级的方法增强资产证券化产品的信用。信用增级方法主要有以下四种（详细情况将在后面的章节中讨论）：自我保险（self-insurance）、母公司信用担保（corporate parent credit guarantee）、担保债券（surety bond）和信用证（letter of credit）。

自我保险的方法又包括高级/次级结构（senior/subordinate structure）法和超额抵押（over-collateralization）法。在高级/次级结构下，次级证券的本金可以用于支持高级证券本金的信用级别。高级证券的持有人（投资者）将在次级证券持有人之前获得偿付。在超额抵押的方式下，证券化产品的本金数额要小于基础资产的本金数额，因此，基础资产可以提供更高程度的本金保护（principal protection）。由于这两种方法都是以基础资产的本金作为信用增级来源，因此均被视为自我保险。在有些情况下，通过母公司信用担保的形式进行信用增级可能会更为经济。这种情况下所发行证券的信用就等同于母公司的信用质量。除母公司信用担保之外，也可以采取由保险公司提供债券保险或者由商业银行提供信用证的方式进行信用增级。

资产证券化市场的中介机构

资产证券化交易需要许多中介机构（intermediary）的共同协作才能完成。中介机构的作用在于确保交易在法律、会计、现金流和信用风险等诸多方面合理地搭建结构。需要明确的是，本书中会经常出现交易（transaction）及产品（product）这两个词。交易指的是构建并发行资产证券化证券的过程。交易的结果是，发行了一系列不同期限、不同信用评级的产品，即证券。每种证券由基础资产整体现金流中的特定部分提供支持，并具有特定的期限和信用评级。

对于参与交易的各个中介机构来说，其作用在于明确地识别交易中发起人/出售人、发行人、服务方和投资者（受益权证持有人）各方的职责及保护各方相对的现金权益。此外，在证券发行之后，为了维护发行人和投资者的利益，保持市场稳定、灵活地运作，中介机构还将继续对证券的信用和市场表现进行监控。下面将分别讨论律师、会计师、担保人、信用增级方、信用评级机构以及投资银行的作用。

律　师

客观地说，与企业和政府融资相比，资产证券化交易包含的法律因素更多。这是因为资产证券化交易涉及多方市场主体：贷款发起人/出售人、发行人、服务方、监督人（监督基础资产池中的贷款）、托管人（受托管理发行证券的信托财产）、保险人（为个别贷款或证券本身提供保险）、信用评级机构（为发行的证券进行信用等级评定）以及投资者。

律师需要起草各种法律文件来明确界定交易各方的职责

和权益。其中特别重要的法律文件有 4 份：

- 贷款购买协议（The Loan Purchase Agreement）。明确贷款发起人/出售人和信托机构（SPV）之间在基础资产上的交易。
- 信托协议（The Trust Agreement）。设立 SPV，明确托管人并规定托管人管理基础资产时的权限。
- 服务协议（The Servicing Agreement）。描述服务方在管理资产池的基础资产以及定期报告基础资产现金流回收状况方面的职责。对于有些交易来说，还有一个打包和服务协议，该协议实际上结合了信托协议和服务协议两部分的内容。
- 交易契约（The Indenture）。是整个交易中最重要的合约，旨在明确交易期限、票面利率、本金及本金的偿还。

此外，还有一些其他的法律文件，如界定托管人职责的托管协议（The Custodian Agreement）、为交易中债券发行进行保险的保险协议（The Insurance Agreement）以及保护交易中证券发行人的免责协议（The Indemnification Agreement）等等。总之，律师在交易中应该就以下方面作出明确说明：所有详细的合约文本、交易各方的责任和义务、各方的花费和报酬，以及募集说明书（the offering memorandum or prospectus of the transaction）中向投资者承诺的利息和本金。

会计师

会计师的作用是确保交易中现金流的完整性。在组织一个由新发放贷款支持的交易时，我们很难准确预测基础贷款在未来的表现，因此需要对影响现金流的相关因素作一些假设。会计师需要对假设进行检验并在假设和预期现金流之间建立联系。会计师的主要作用是，让发行人和投资者相信，交易中影响现金流的各种因素都已被考虑在内，同时交易各方为其承担的职责已经得到了合理的补偿。对现金流的描述来自交易中的两部分文件。其一是，在募集说明书及其附件（supplement of prospectus）中由会计师作出的完成通知书（the comfort letter）；其二是，和现金流计算相关的材料。

担保人和信用增级方式

资产证券化产品的一个重要特征是，存在信用增级机制。这是因为交易中基础贷款池本身的信用可能不足以确保所发行的证券获得较高的信用评级。因此，为了获得较高的信用评级，交易中证券的信用需要通过一系列方法来进行增级。上面提到过，信用增级可以采用四种方法：自我保险、担保债券、母公司信用担保，以及信用证。此外，对于住房抵押贷款支持证券，还特别存在 GSE 信用担保（credit guarantee of government-sponsored enterprise）方式。在后面的章节中将更详细地讨论有关信用增级的概念与方法。

自我保险

如果根据基础贷款的整体现金流无法从评级机构获得所需的信用评级，可以将现金流细分为高级结构和次级结构，高级证券可以由次级证券的本金现金流提供保障，从而提升信用评级。与次级证券相比，高级证券的本金的优先权更高。通过在基础资产中划出部分次级现金流，高级证券可以获得理想的信用评级。下面举一个简单的例子：

假设一个资产池在其存续期内的累积违约率（cumulative default rate）在最坏的经济情况下为30%。违约发生后，基础资产在这种情况下可以有60%的本金回收率。换言之，违约贷款的最坏损失率为40%。那么，在基础资产池存续期内，累积损失率（cumulative loss rate）最坏将会达到12%(30%×40%=12%)。基于这些现金流假设，我们可以构造一个高级/次级现金流信用增级的模式，其中88%（1−12%）的基础资产现金流可评级为高级证券，余下的12%可评级为次级证券。高级证券的信用由次级证券的现金流加以支持。因为在最坏的经济情况下，也只有12%的基础资产现金流会受到损失，而这些损失可以由次级证券全部吸收。这样可确保高级证券的现金流不受影响，其信用可增级到最高的评级档次，而次级证券则可能面临100%的损失。次级证券的损失在机构的现金流上通常称为最初损失（first loss）。

除了采用高级/次级的方式外，自我保险还包括超额抵押的方式。顾名思义，这一信用增级方式的机制是，采用更多的基础贷款现金流来为一定数量的证券提供支持。例如，基础贷款现金流可以是所发行证券本金的110%，于是，这额外10%的超额抵押就类似于为高级证券提供支持的次级证券。近年来，自我保险已经成为新发行资产支持证券信用增级最为流行的方式。

担保债券

担保债券也可以提高交易的信用评级。这种情况下所发行的证券可以取得和担保债券公司一样高的信用评级。在资产证券化市场上，有几家具有最高的AAA信用评级的担保债券公司，它们的作用完全是为了提高资产证券化产品的信用评级。如果采用担保债券的信用增级方式，所发行的资产证券化产品也将具有AAA信用评级。

母公司信用担保

证券化产品的发行人可以依靠其母公司的支持来获得理想的信用评级。比如，一家储贷协会（savings and loan association）可以发行非机构担保住房抵押贷款支持证券（RMBS），并选择依靠其母公司的信用来为该证券进行担保。在这种情况下，假设母公司的信用评级为标准普尔（Standard & Poor's）和惠誉（Fitch）AA 等级以及穆迪（Moody's）AA2 等级，那么所发行的 RMBS 将会从这三家信用评级机构得到与此相同的信用评级。（本章后面会讨论到这三家信用评级机构以及它们的评级表示符号。）

信用证

资产证券化产品的发行人还可以要求商业银行以信用证的方式为交易提供信用增级。但这种信用增级方式往往用于短期交易。与担保债券和母公司信用担保一样，由信用证提供增级的证券可以获得和信用证签发银行相同的信用评级。

GSE 信用担保

在 RMBS 中，还有另外一种特殊的信用增级方式，即由三家联邦政府机构提供信用保障。这三家机构分别为政府国民抵押协会（Government National Mortgage Association，GNMA，或 Ginnie Mae）、联邦国民抵押协会（Federal National Mortgage Association，FNMA，或 Fannie Mae）以及联邦住宅贷款抵押公司（Federal Home Loan Mortgage Corporation，FHLMC，或 Freddie Mac）。如果由 Ginnie Mae 提供信用担保，那么此时的 RMBS 就具有与美国政府相同的信用。Fannie Mae 和 Freddie Mac 虽没有完全等同于美国政府的信用等级，但由于它们都是联邦政府资助的企业，因此其信用在过去一直被认为与美国政府的信用等级非常接近。

信用评级机构

在证券化交易中，信用评级机构在两个层面上对评估证券化产品的信用风险发挥着重要作用。第一个层面表现为，对基础资产的风险进行评估；第二个层面表现为，对资产证券化产品本身的风险进行评估。在证券发行之后，评级机构的作用依然十分重要，它要对已发行证券的信用表现进行持续跟踪。评级机构的这种监控功能将持续到证券完全偿付之后。

在发行证券化产品之前，发行人需要向评级机构（很多情况下不止一家）展示所发行证券的基础资产，以便对贷款的违约风险以及违约发生时的损失程度进行分析。根据同类型贷款的历史违约表现，评级机构可以为基础贷款绘制一条基准损失曲线（loss curve）。该曲线可以在预期损失和贷款年限之间建立起联系。假设当前的经济形势不变，预期损失曲线可以量化贷款池随时间的推移所发生的损失金额。

一旦绘制出预期损失曲线，评级机构就可以对将要发行的证券的信用质量发表观点。在基础贷款预期损失给定的情况下，可能会存在不同程度的信用增级行为，其规模可以数倍于预期损失，由此，可以把证券的信用质量提升到不同的投资级信用评级。

目前资产证券化市场上主要有三家信用评级机构，分别为：惠誉公司、穆迪公司和标准普尔公司。（最近三年又有一家公司——多明尼恩信用评级公司（Dominion Bond Rating Services，DBRS）进入市场）。对于标准普尔和惠誉而言，有四个主要的投资级信用评级，即 AAA、AA、A 和 BBB。除 AAA 等级之外，其他三个主要的级别还通过标记“＋”和“－”来代表稍好或稍差。对于穆迪公司而言，投资级等级分别为 Aaa、Aa2、A2 以及 Baa2，而对于稍好或稍差的信用评级，则分别用标记 1 和 3 来代替上面的 2。因此，标准普尔和惠誉 AA+等级相当于穆迪 Aa1 等级，而 BBB−等级则相当于 Baa3 等级。除投资级评级之外，这三家公司都有非投资级信用评级，分别是 BB、B、CCC、CC 和 C。其中 BB 到 CCC 也用标记“+”、“−”或 1、2、3 来表示稍好或稍差。

一旦发行人和信用评级机构之间就信用增级方面的要求达成一致，那么证券就可以正式发行了。证券发行后，评级机构还需要继续工作。它们需要跟踪和确保证券化产品的信用和评定结果表现一致（用预期违约概率来衡量）。如果证券的表现比原先评级所预期的糟糕，那么其信用就会被降级（downgrade）。反之，如果证券的表现比原先评级所预期的要好，那么其信用就会获得升级（upgrade）。此处的降级和升级被统称为资产证券化产品的评级调整（rating change）。需要特别指出的是，不同信用评级机构的信用评级在含义上有着明显不同。对于惠誉和标准普尔来说，其信用评级反映了证券的违约概率；而对于穆迪公司来说，其信用评级反映了给定预期违约概率条件下的回收程度。

不论是初始评级还是随后的评级调整，信用评级对于资产证券化市场正常发挥功能都是非常重要的。在票面利率给定（这也是为什么称为固定收益证券的原因）的情况下，与低等级证券（收益率较低）的价格相比，高等级证券的价格较高。这是因为固定收益证券的价格是其未来现金流按照收益率贴现后的现值，收益率越低，价格越高，反之亦然。由于人们交易固定收益证券最关心的就是其收益率，因此在交易中形成了只说收益率不说价格的惯例。而收益率也不是直接报出的，而是以证券收益率与相同期限无风险国债收益率（Treasury risk free yield）之间的差额表示，这个差额被称作收益率差（yield spread）。收益率差越小，表明证券的相对价值（relative value）越高，也表示其信用风险越低。比如一只 7 年期债券的报价高出相同期限国债50个基点，7年期国债的收益率为4.6%，那么该债券的收益率就为5.1%，具体的交易价格是根据面值和票面收益率，并按照5.1%的实际收益率贴现得出。如果票面收益率高于5.1%，该债券就会溢价交易；如果票面收益率低于5.1%，债券就会折价交易。

在基础资产现金流给定的情况下，与低等级证券相比，高等级证券可以得到更高的发行收入。此外，在二级市场交易时，与低等级证券相比，高等级证券的收益率差会更小。举例来说，在期限相同的条件下，与BBB级证券相比，AAA级证券在交易中的收益率差更小。进一步来说，对于那些预期或觉察信用评级会低于目前等级（即预期会降级）的证券来说，在交易时会比其他信用评级预期稳定的同等级证券有着更大的收益率差。

从上面的讨论可以清楚地看出，信用评级机构的作用非常关键，它们会不断地向投资者提供证券化产品的信用信息和市场表现。正是由于这些信息，投资者才对其投资具有安全感。

投资银行

在资产证券化交易的整个过程中，投资银行（investment banker）所起的作用是多方面的。总体来说，这种作用包括从一开始帮助发行人进行交易设计（structuring transaction）、组织交易中的中介机构、路演（road show）、召集投资者（assembling investors）、证券议价（price talk）、证券发行定价（pricing）一直到持有新发行证券的头寸（new issuance take down）。

从交易一开始，投资银行就要和发行人一起设计交易的现金流和法律构架。投资银行需要律师和会计师的共同参与，以确保交易在经济、法律和会计等方面的合理性。整个交易的目的是，帮助发行人有效地为贷款发起人进行融资。

随着交易设计趋于完成并开始准备发行证券，投资银行的作用转变为一个联系投资者的中介。为了完成这种“媒介”功能，投资银行需要对二级市场（secondary market）进行调研，了解与即将发行的证券类似的证券的表现。调研的最终目的是，从票面利率、到期日和收益率等方面对即将发行的证券进行最合理的定价。

定价之后，证券就开始正式发行了。此时，投资银行的作用就转变成银行家。通过包销（taking down）的方式买入全部新发行的证券，将证券发行的全部收入支付给发行人。这样，投资银行实际上是用自己的资金来为发行人提供融资。资产证券化过程的最后一步就转化为投资银行向最终投资者出售证券头寸——当投资银行把新发行的证券卖给投资者时，这个交易市场称为一级市场。此后，投资银行还需要为该证券进行做市（market making），以提供必要的流动性。在这个做市的市场中，投资银行扮演的是中介的角色——为投资者的买卖提供服务。这个市场称为二级市场。需要指出的是，在包销买入证券和寻找最终投资者的过渡期间，投资银行承担的压力很大，这是因为其资金面临着利率变动从而导致证券价格变动的风险以及其他市场风险。投资银行不得不尽快卖出持有的头寸，以收回资金进行其他的交易。投资银行总是声称它们并不是其所承销证券的最终投资者（ultimate investor），而仅仅是在寻找最终投资者过程中的临时证券投资者（interim investor）。表 1—1 显示的是非机构担保 RMBS 市场中最近几年来份额显著的排行前 16 位的投资银行。

表 1—1　近年非机构担保 RMBS 市场中市场份额显著的投资银行

全国金融公司	贝尔斯登
华盛顿惠利银行	美林公司
美洲银行	高盛公司
瑞银集团	摩根斯坦利公司
富国银行	大通抵押贷款融资公司
雷曼兄弟公司	德意志银行
瑞士信贷第一波士顿公司	森伯格抵押贷款公司
通用汽车承兑公司—住房融资公司	花旗集团

资产证券化的八大要素

基于前面的讨论，我们总结出成功进行证券化融资所需具备的八个要素。从美国资产证券化市场的发展看，这八大要素的作用非常重要，它们分别是：健全的法律体制、精确的现金流分析、谨慎的会计处理、有公信力的信用评估、全面性的投资银行、完善的国债市场、活跃的二级市场以及多样化的投资者。这些要素常常互为补充，一个要素的发展将会推动其他要素的发展。但重要的是，这八大要素应齐头并进、共同发展。

健全的法律体制

对于每笔证券化交易来说，必须建立完善的法律体制，以保护投资者在基础性资产中的合法利益。最为重要的是，当发起人/卖方处于破产境地时，法律应该保护投资者对证券的基础性资产现金流的追讨权。因而对于证券化交易来说，应当设立资信良好且破产隔离的特殊目的实体。从经济学角度看，设立特殊目的实体的目的，一方面是购买由贷款人发起并出售的所有贷款；另一方面是发行证券来为基础性贷款的发起融通资金。正如前面提到的，特殊目的实体除了从贷方那里获得贷款之外没有其他的资产，除了发行证券带来的债务以外没有其他的债务。此外，必须建立完善的法律体制来明确规定发行人、信托人、贷款管理人以及服务方的责任和义务。

精确的现金流分析

从融资的角度来说，证券化本质上是帮助贷款方在扣除证券化成本之后能够筹集到和基础性资产未来现金流现值相等的现金流。在证券化开始时，发行人应该进行现金流分析，以确定特殊目的实体的债务能否按时全额偿还。在分析未来现金流并对其进行定价时，需要作许多假设。除了假定贴现率来计算现值之外，现金流分析还需要对现金流本身的情况作出假设，例如，贷款期间内的经济状况、借款人偿还贷款的能力，以及违约发生的概率。事实上，贴现率并不是随意假定的。当前在二级市场中交易的类似证券的收益率（yield）通常用来估计贴现率，这一点我们将在关于活跃的二级市场的讨论中论述。只有在深入分析大量基础性贷款现金流的历史数据之后作出假设，才能使假设更具有现实意义。

谨慎的会计处理

在资产证券化的过程中有三个会计问题比较重要。第一，对证券利息收入的会计处理。由于证券由特殊目的实体来发行而基础性贷款又有利息收入，按照常理推断，应该对特殊目的实体征税。但如果对特殊目的实体征税，就会增加证券化融资的成本，因为投资者的利息收入也是要纳税的。为了避免双重征税的问题，只要特殊目的实体满足作为授予人信托（grantor trust）的所有要求，它就会被视为授予人信托而享有免税待遇。（出于税收目的，发行机构也可以采用所有人信托的名义。）

第二，通过明晰基础性贷款中周期性现金流（包括利息和本金）的会计账目来保护投资者。通常情况下，每笔交易都会产生大量的现金流。这些现金流清楚地说明了每月的本金与利息现金流是如何在交易参与者之间进行分配的。基于这些现金流，证券的服务方需向投资者说明每月现金流的组成，以及哪些需要交税，哪些是免税的。此外，有关证券化过程中的各项费用支出以及向信托人、贷款管理人和服务方支付的费用，也应列出清晰有序的会计账目。

第三，交易中产生的所有现金流都必须由会计师严格审查。发行人（或代表发行人的投资银行）计算出来的在不同情况下基础性资产的本金和利息都应该与该笔交易在招股说明书与公开募股说明书中所说的情况相符。

有公信力的信用评估

由于贷方发行的证券受其发起的消费者贷款或商业贷款的支持，因此证券的投资者自然会比较关注基础性贷款和相应证券的信用风险。以住房抵押支持证券为例，它的信用就受到政府国民抵押协会、联邦国民抵押协会以及联邦住宅贷款抵押公司三家机构的担保。如果住房抵押支持证券、商业房地产贷款支持证券和资产支持证券的信用不受上述三家机构中任意一家的担保，那就需要通过各种不同的方法来提升证券的信用等级。此外，证券的信用状况还需要经过三家国际信用评级机构中的一家或两家或所有三家的评级。

全面性的投资银行

新证券的承销与发行是投资银行的职责。投资银行可被视为连接发行人和投资者的桥梁。然而，在整个证券化过程中，投资银行发挥着相当重要的作用。我们前面曾经提到，投资银行负责协调并帮助发行机构处理法律、会计、税收以及现金流分析方面的事务。除此之外，投资银行还扮演着经销商的角色，即为证券定价，购买所有发行的证券并将其出售给投资者。在完成经销商的职责之后，为了保证证券的流动性（security liquidity），投资银行又充当起做市商（market maker）在二级市场上积极地买卖证券。此外，投资银行还为投资者提供培训、信息咨询和市场分析等研究服务。

完善的国债市场

为了保证证券化市场的健康发展，必须有一个良好、完善的国债市场。由于政府债券不存在信用风险，因此该类证券的交易就为市场提供了不同期限水平的无风险收益率（risk-free yield）。在无信用风险的情况下，描述期限和收益率之间关系的曲线就被称为国债收益率曲线（Treasury yield curve）。国债收益率曲线为所有不同期限、不同风险状况的固定收益证券在初级市场上以及随后的二级市场上的定价提供了基准。所有的非机构固定收益证券都是在国债收益率曲线的基础上以一定的收益率差进行交易。

活跃的二级市场

一个成功的资产证券化市场需要一个活跃的二级市场来支撑，二级市场为发行同类证券提供了定价方面的有效信息。一级市场是指新证券发行的市场，是发行者与投资者进行交易的场所；二级市场则是投资者与投资者进行交易的场所。

证券发行之后，投资者需要一个活跃的二级市场来提供证券的流动性，这样一来，与利率无关的因素就不会造成价格的大幅波动，投资者就可以在一个价格较为平稳的市场中买卖证券。需要特别指出的是，投资者在很大程度上是有能力创造一个活跃的二级市场的。正如我们论述过的，尽管投资银行在道义上有责任在二级市场上频繁地买卖证券来提供市场的流动性，但这也需要投资者的配合。如果投资者在一级市场上只是简单地持有证券而不愿进行任何交易，仅仅依靠投资银行来保证二级市场的流动性将非常困难。

二级市场和贷款发放市场是相互作用且相辅相成的。尽管贷款人完全可以使用自己的资金（例如各种存款与定期债务）作为发放贷款的资金，但他们可以通过在二级市场上筹资来更为显著地拓展其业务。只有在贷款市场上首先发起大量的贷款，二级市场上的贷款交易才会有活力。反过来，二级市场上活跃的贷款交易也会为贷款市场及时补充资金来源。

多样化的投资者

资产证券化市场取得成功的一个重要因素在于投资者群体的快速增长。投资者群体中包括各种类型的投资者——从短期货币市场投资者到商业银行的投资组合经理（portfolio manager）、共同基金（mutual fund）、对冲基金（hedge fund)，再到保险基金（insurance fund）、长期养老基金（long-term pension fund）。此外，随着资本市场发展的日益全球化，外国投资者将会变得越来越重要。

事实上，资产证券化市场能够快速发展还归因于资产证券化产品本身的创新性。通过不同的期限档次与信用档次，资产证券化产品能够满足不同投资者的需求。证券化产品的高收益特点吸引了收益导向型投资者（yield oriented investor）（如共同基金）。证券化产品的期限分档特点则吸引了期限导向型投资者（maturity oriented investor）（如退休金、养老金和保险资金），否则这些投资者就会因为投资期限的不匹配而无法购买证券化产品（有关投资者的类别将在下一章详细讨论）。同时，证券化产品的信用分档特点也吸引了那些按照规定只能投资于投资级证券的信用导向型投资者（credit oriented investor）。比如，绝大多数机构投资者都只能购买投资级证券，私募基金则相对较为热衷于购买非投资级证券。

第2章
资产证券化融资和美国市场的发展历程

发起人与证券化融资

投资者与证券化融资

美国资产证券化市场的发展历程

在资产证券化交易中，基础资产发起人与投资者会在一只无形的手的指引下，出于不同的原因在资产证券化市场上进行交易并合作，从而使各自的需求得到满足。发行人需要在资产证券化市场上筹集资金用于持续性地发放贷款；投资人则希望通过投资资产证券化所产生的丰富产品获得可观的收益。本章将分别从发起人和投资人的角度对资产证券化的机理进行详细讨论，并介绍美国证券化市场的发展历程。

发起人与证券化融资

资产证券化交易发端于基础资产发起人（统称为发起人）出售其发起的贷款。其目的是为了帮助贷款发放人(loan originator）在资本市场中筹集资金。因此，发起人在资产证券化交易中无疑占有非常重要的地位。发起人并不直接发行证券，而是设立特殊目的实体（信托机构）作为证券化产品的发行人。发起人将贷款出售给发行人，发行人以这些贷款为基础资产发行证券化产品。同时，证券发行的资金收入则反过来用于向发起人购买贷款，从而达到发起人出售贷款进行融资的目的。信托机构的目的只有一个，就是从发起人手里买入贷款并通过发行资产证券化产品收回购买贷款的款项。由于发起人发放贷款后会将其出售，因此也被称做“卖方”。投资者，顾名思义，就是资产证券化交易中的买方。

资产证券化对于发起人有着两个非常明显的好处：一是筹集资金；二是实现资产负债表的有效管理（efficient management of balance sheet)。下面我们先讨论证券化对资产负债表会产生什么样的影响。我们以一家刚成立的银行——XYZ 银行为例。XYZ 银行在 2006 年并没有开展消费信贷，但计划在 2007 年涉足这方面的业务。因此在 2006 年 12 月 31 日，XYZ 银行的资产负债表如表 2—1 所示。为了便于解释说明，这里的资产负债表被大大简化，仅包括少数几项资产和负债。其中资产包括总计 500 000 美元的其他资产与 25 000美元的现金头寸。为了给这价值525 000美元的总资产提供融资，XYZ 银行可依靠传统的资金渠道——存款与金融债获得 483 000 美元。除此之外的42 000美元是必需的资本金（总资产的 8%）。

表 2—1　　XYZ 银行的资产负债表

2006 年 12 月 31 日　　单位：美元

现金	25 000	存款	433 000
其他资产	500 000	金融债	50 000
		资本金	42 000
总资产	525 000	总负债和资本金	525 000

如果在 2007 年，XYZ 银行决定发放价值 1 000 000 美元的消费信贷，并打算严格通过传统的资金渠道来融资。换言之，XYZ 银行不打算采用证券化来为其贷款提供融资。假定 XYZ 银行不从事其他的借贷活动，因此在 2007 年底，XYZ 银行资产负债表的资产栏就会多了 1 000 000 美元的消费信贷，如表 2—2 所示。为了给这 1 000 000 美元信贷提供资金，如果不发行金融债，XYZ 银行必须多吸收 920 000 美元的存款；为满足资本充足率的要求，资本金也必须相应增加 80 000美元（1 000 000 美元的 8%）。

表 2—2　　XYZ 银行的资产负债表（不进行证券化融资）

2007 年 12 月 31 日　　单位：美元

现金	25 000	存款	1 353 000
新发放的消费信贷	1 000 000	金融债	50 000
其他资产	500 000	资本金	122 000
总资产	1 525 000	总负债和资本金	1 525 000

在不采用证券化融资的方式下，2007 年 XYZ 银行的损益表（income loss statement）如表 2—3 所示。其收入来源主要是新发放的消费信贷的利息收入（假设利率为 8%）与其他资产的利息收入以及1 000 000美元消费信贷的发放费（假定发放费为贷款本金的 2%）。在扣除存款和金融债的利息支出后，XYZ 银行可获得的税前净收入为 18 820 美元。

XYZ 银行同样也可以采用证券化方法来为发放消费贷款

表 2—3　　　　XYZ 银行的损益表（不进行证券化融资）

2007 年 12 月 31 日　　　　单位：美元

消费信贷的利息收入	80 000	(1 000 000 的 8%)
其他资产的利息收入	45 000	(500 000 的 9%)
发放费	20 000	(1 000 000 的 2%)
总收入	145 000	
减：存款的利息支出	81 180	(1 353 000 的 6%)
减：金融债的利息支出	45 000	(500 000 的 9%)
税前净收入	18 820	

筹集资金。这时候它主要赚取的是贷款发放费，而不是存贷利差。假设在一年之中 XYZ 银行有能力每三个月发放一次价值为 1 000 000 美元的消费信贷。换言之，XYZ 银行一年中能够发放 4 次贷款并将其证券化（反复进行“发放贷款—证券化”的过程），以赚取更多的发放费。为了便于贷款的发放，假设 XYZ 银行从另一家金融机构获得一定的信用额度（line of credit）需要支付利息，但如果使用自有资金，同样需要支付资金占用的机会成本。这一信用额度可以循环使用。XYZ 银行使用该信用额度发放贷款，当贷款发放时，信用额度会降低。一旦贷款被卖出（通过证券化），所获收入会重新用来补充该信用额度。XYZ 银行可以反复使用该信用额度发放更多的贷款。

如表 2—4 所示，由于采用了证券化来募集资金，2007 年底 XYZ 银行的资产负债表并没有发生改变，总资产依然是 525 000 美元，所要求的资本金仍保持为 42 000 美元。这一资产负债表的规模明显小于采用非证券化方式来募集资金时资产负债表的规模，采用非证券化集资的资产规模为 1 525 000美元。此外，由于采用了证券化的融资方式，XYZ 银行 2007 年的损益表发生了明显的变化，如表 2—5 所示。

表 2—4　　XYZ 银行的资产负债表（证券化融资）

2007 年 12 月 31 日　　单位：美元

现金	25 000	存款	433 000
其他资产	500 000	金融债	50 000
		资本金	42 000
总资产	525 000	总负债和资本金	525 000

表 2—5　　XYZ 银行的损益表（证券化融资）

2007 年 12 月 31 日　　单位：美元

发放费	80 000	（4 000 000 的 2%）
消费信贷的利息收入	40 000	（本金 1 000 000，期限半年，利率 8%）
其他资产的利息收入	45 000	（500 000 的 9%）
总收入	165 000	
减：信用额度的利息成本	60 000	（1 000 000 的 6%）
减：存款的利息成本	25 980	（433 000 的 6%）
减：金融债的利息成本	45 000	（500 000 的 9%）
税前净收入	34 020	

首先，通过发放总额达 4 000 000 美元的贷款，所赚取的发放费为 80 000 美元。这一收入是通过存款方式（非证券化集资）募集资金所获得收入的 4 倍。考虑到 XYZ 银行在出售所发放贷款之前会将其保留一段时间，因此它仍可赚取贷款的利息收入。由于贷款的发放是逐渐增长的，所以平均起来，XYZ 银行每持有贷款 3 个月，就可赚取 1.5 个月的利息收入。这样一来，每年发放贷款 4 次，可赚取等价于 6 个月的利息，即 40 000美元。在成本方面，尽管 XYZ 银行不需要吸收新的存款，但它必须为其获得的信用额度支付利息（年利率为 6%，假定信用额度的利息成本与存款的利息成本相同）。这样一来，2007 年 XYZ 银行损益表中的税前净收入将达到 35 124 美元，几乎是非证券化集资方式所赚取的税前净收入的 2 倍。

这一简单的例子向我们展示了证券化的两大显著优点——较少的资本金要求与更多的收益。事实上这两者是互为加强的。通过采用证券化，XYZ 银行可以空余更多宝贵的资本金用于其他的借贷与投资活动。这些活动可以帮助银行赚取更多的收益，而收益的增加反过来又可以加强银行的资本金头寸。

根据上面的讨论，可以看出资产证券化能够帮助银行实现筹集资金及有效管理资产负债表两个目的。从资产负债管理的角度来考虑，证券化就是出售既有或即将发起的资产。它可以使得贷款发放人在不扩大资产规模的情况下发放贷款并赚取发放费。只要将其新发放的贷款卖出，发放人就可以在不增加负债的情况下筹得资金。试想，如果该银行通过吸收存款发放同样规模的贷款并赚到 80 000 美元的发放费，其资产负债表将扩大 4 000 000 美元，这种通过负债筹集资金的方式不仅对其资本金有更高的要求，还会引发更显著的资产负债利率错配的风险。所以，资产证券化使得贷款发放人减少了对债务的依赖，提高了资本金的使用效率。

在过去的 20 年间，不仅贷款人，而且借款人都从证券化过程中受益匪浅。事实上，这些好处是相得益彰的。证券化使得借款人在发放贷款的同时无须增加长期负债，证券化的过程实际上就是用期限较短的资金来为期限较长的贷款提供融资。将新发放贷款出售可以避免资产负债表中可能出现的期限不匹配风险。此外，证券化过程还显著降低了贷款发放的资金成本，也使得借款人享受到了低成本的好处。

投资者与证券化融资

在过去的 20 多年间，美国资产证券化市场获得巨大成功的一个重要原因是投资者群体的快速增长。市场上有着各种类型的投资者，从短期的货币市场投资者，到商业银行的投资组合经理，再到长期养老基金。（这里需要特别注意的是，资产证券化市场的投资者大多为机构投资者（institutional investor），而个人投资者（individual investor）只占其中的很少部分。大部分个人投资者基本上都是通过共同基金进入该市场的。）实际上，目前所有的固定收益证券投资者或多或少都持有受各种消费信贷、商业贷款、住房抵押贷款以及商业抵押贷款支持的证券。

资产证券化投资者规模的快速增长不是一蹴而就的。发行人、投资银行以及信用评级机构进行了大量的研究，花费了大量的精力才使得投资者对资产证券化产品的投资业绩和信用状况等各方面有所了解。

对基础资产的认识

投资最重要的目的之一是，在风险既定的情况下尽可能获取最高的收益。考虑到证券化产品的现金流仅来自基础抵押资产，因此投资者了解基础资产的投资特征是相当重要的。以住房抵押支持证券为例，住房抵押贷款允许按面值提前偿还（prepayment at par）（我们将在论述住房抵押支持证券的章节中详细讨论）。因此，住房抵押支持证券就存在提前偿还风险。一旦贷款利率下降，借款人就会趋向于借新还旧，以便承担较低的贷款利率。如果借款人借新还旧，此时提前偿还对 RMBS 的投资者在其收益上构成的损失应有适当的补偿。

住房抵押贷款的提前偿还之所以会对投资收益构成损失，原因是，在低利率的环境中，收回的贷款只能以较低的利率进行再投资，最终会导致 RMBS 收益率的相应下降。正是因为存在着提前偿还风险，住房抵押支持证券相对于其他同样期限和信用风险的证券具有更高的收益率。如果投资者不了解住房抵押支持证券的这一潜在的提前偿还风险，就会误把较高的收益率单纯视做绝好的投资机会，而没有考虑到高收益率所对应的高风险。在 20 世纪 80 年代，当时住房抵押支持证券正处于发展初期，投资银行不得不花费大量的精力来帮助投资者了解住房抵押支持证券的可提前偿还风险。

对现金流的分析

一旦投资者对基础资产有了一定的了解，他们就需要对证券化产品的现金流进行分析。投资者需要具备对不同利率环境下证券的潜在现金流进行分析的能力。具备这种能力相当重要，因为它可以帮助投资者判断该证券是否值得投资。

衡量基础资产现金流的指标包括：提前偿还率（prepayment rate）、平均期限（average life，在提前偿还率一定的条件下计算得出）、久期（duration），以及住房抵押支持证券的凸性（convexity）。此外，投资者要明白基础资产的现金流或者证券通常会分为不同的信用档次和期限档次。这是指证券的发行人通常会将基础资产的全部现金流划分为许多不同长短的到期期限和不同等级的信用级别。由于这些期限档次和信用档次在不同的经济环境和利率条件下的表现不同，所以，投资银行和信用评级机构花费了大量的时间和精力来研究这些期限档次和信用档次的历史状况，以提供有用信息供投资者参考。

收益导向型投资者

随着资产证券化市场的规模不断扩大与日益发展成熟，投资者类型也发生了明显的变化。在资产证券化市场发展的初期，市场中最重要的投资者是收益导向型投资者，例如储贷协会与商业银行。这些投资者也被称为利差型投资者（yield spread investor），因为他们非常关注资金成本和投资收益之间的差额。（需要指出的是，收益导向型投资者并不是垃圾债券投资者（junk-bond investor），尽管后者有时也被称为收益导向型投资者。）由于收益导向型投资者是最先将其资产通过证券化出售的，因此他们最先被吸引到证券化市场中也就不足为奇了。他们非常清楚，与投资于相应期限和信用等级的企业债券相比，投资于证券化产品能够获得更高的收益率，即证券化产品能够给投资者提供更大的收益率差。

在固定收益证券市场上，所有证券的收益率都是以相应期限的国债为基准进行度量的。这是因为国债没有信用风险，因此可以将其视为无风险证券。固定收益证券与相应期限国债之间的收益率差额被称为收益率差。在市场发展的早期，人们还未能深刻理解资产证券化市场的投资特点，资产证券化证券主要以其明显较高的收益率差吸引着投资者。不过即使在市场发展较为成熟的今天，资产证券化证券的收益率差仍明显高于相应期限与信用等级的企业债券。可以说，资产证券化市场的快速发展与其高收益率差密不可分，正是这一特征吸引了众多收益导向型投资者。

信用导向型投资者

投资理论告诉我们，风险与收益总是相互关联的，并且呈现出正相关关系，即风险越大，所带来的收益就越高，反之亦然。考虑到证券化产品主要受消费信贷的支持，而消费信贷又被投资者认为具有较大的信用风险，因此证券化产品的信用评级对投资者而言就是一个相当重要的考虑因素。这一点对机构投资者来说更为重要，由于各种信托责任的规定，它们通常会将投资对象限定为投资级证券（investment-grade security），且通常不会投资于投机级证券（speculative-grade security）。信用导向型投资者与收益导向型投资者恰好相反，他们首要关注的是，应符合相应的信托条款。只有在投资级证券的范畴内，信用导向型投资者才会考虑获取更高的收益。

期限导向型投资者

与一些投资者非常关注证券的信用等级类似，一些投资者则非常关注证券的期限。我们曾论述过，资产证券化证券在期限方面具有优势。通过划分期限档次，证券化产品在一笔交易中可以为投资者提供多种期限选择。例如，住房抵押支持证券就有多个期限，从 1 年、3 年、5 年到 7 年、10 年甚至 30 年。货币市场基金经理或商业银行可购买 1 年期或 3 年期的住房抵押贷款支持证券；保险公司的投资经理可购买 5 年期或 10 年期的住房抵押贷款支持证券；而养老基金的经理（pension fund manager），可能更倾向于购买 10 年期或 30 年期的住房抵押贷款支持证券。

扩大投资者群体与降低借款成本

从投资者的角度看，证券化市场扩大了可供投资者选择的投资范围。最好的例子就是住房抵押贷款支持证券。在证券化之前，发放抵押贷款（mortgage）仅局限于一些高度专业化的机构，住房抵押贷款的主要投资者是银行和储贷机构。然而，在证券化之后，即使是个人也能通过购买住房抵押贷款支持证券成为抵押贷款的投资者，且个人不需要任何关于抵押贷款的专业知识。因为政府国民抵押协会或联邦国民抵押协会与联邦住宅贷款抵押公司，或抵押贷款保险公司为抵押贷款提供了担保，其所承受的信用风险也有所降低。

如果住房抵押贷款支持证券没有获得担保，个人投资者还可以依赖信用评级机构所提供的信用评级。

更为重要的是，担保与评级机制使得保险公司和养老基金成为住房抵押贷款的主要投资者。投资者群体的扩大明显降低了抵押贷款的资金成本。换言之，住房抵押贷款利率显著降低了。购房者从中受益无穷。2003—2006 年，一般的住房抵押贷款利率平均仅高出 10 年期国债收益率 100～125 个基点。在住房抵押贷款证券化初期的 20 世纪 80 年代，抵押贷款利率与国债收益率的平均收益率差经常大于 300 个基点。收益率差的缩小提高了美国购房者的购买力，同时也扩大了住房投资建设的规模。同样，证券化市场的日益繁荣也降低了信用卡、汽车贷款、学生贷款、制造业住房贷款，以及其他资产支持证券基础消费信贷的借款成本。

美国资产证券化市场的发展历程

资产证券化 1970 年兴起于美国，当时住房抵押贷款机构将新发放的住房抵押贷款进行打包，并通过发行住房抵押贷款转手证券（pass-through）来为发放住房抵押贷款筹措资金。这些贷款的信用要么由联邦住房管理局（Federal Housing Administration，FHA）提供保险，要么由退伍军人事务管理局（原名为 Veterans Administration（VA），后更名为 Department of Veterans Affairs）提供担保。（这里的信用是指住房抵押贷款借款人（mortgagor）向贷款人（mortgagee）每月及时偿还贷款的能力。）这些受美国政府信用担保的住房抵押贷款所产生的现金流成为偿还转手证券利息和本金的唯一资金来源。（这里的信用是指转手证券发行人按时向投资者偿付每月利息和本金的能力。）为进一步确保投资者对这些证券的认同度，转手证券的信用由政府国民抵押协会（GNMA）提供担保而得到提高。GNMA 的信用进一步由美国政府提供全面的信用支持。这些证券以前被称为 GNMAs，现在则被称为 Ginnie Maes。（在第 4 章，我们将详细论述住房抵押贷款资产证券化。）

20 世纪 70 年代初期，还有另外一种住房抵押贷款转手证券在市场上发行。这是一种名叫 FHLMC PC 的连带损益权证（participation certificate，也是一种受益权证）。该权证由联邦住宅贷款抵押公司（FHLMC）发行和担保，该公司现在是一家联邦政府资助企业（Government Sponsored Enterprise，GSE)，其正式的新名称是 Freddie Mac。该住房抵押贷款转手证券被称为连带损益权证的原因是，向 FHLMC 出售抵押贷款的发起人被要求在所出售的抵押贷款资产池中保留 5%的连带权益（participating interest）。设立这一连带权益的目的在于通过保留一定的权益（equity）并由此承担抵押贷款资产池风险，从而确保发起人能够保证抵押贷款符合一定的承销标准。与 GNMAs 不同，FHLMC PCs 中的基础抵押贷款是一种常规住房抵押贷款（conventional loan)，其意义是指没有任何一家美国政府机构为它们提供保险或担保。现在所有的住房抵押贷款转手证券都被统称为住房抵押贷款支持证券（residential mortgage-backed securities ，RMBS)。

20 世纪 70 年代，GNMAs 和 FHLMC PCs 的总体发行额比较小，从没有超过每年 300 亿美元的规模。然而从 1981 年开始，住房抵押贷款证券化的速度大幅加快，当时 Freddie Mac 和联邦国民抵押协会（FNMA）（另一家 GSE，现在被称为 Fannie Mae）成为了 RMBS 的担保人。20 世纪 80 年代初期，RMBS 发行额的突然增加是为了帮助各类储蓄机构。例如，由储贷协会、信用社（credit union)、储蓄银行（savings bank）管理和改善其财务困境，它们当时正处于极度危险的境地。这些储蓄机构所遇到的最主要的财务问题是，极为不匹配的资产负债结构。它们持有长期的住房抵押贷款资产（其期限绝大多数为 30 年），而负债则为短期的活期存款（其期限短则几个月，绝大多数长的也不超过 5 年）。

两家 GSE 开创了住房抵押贷款互换（mortgage swap program）的项目，以帮助各类储蓄机构将其所持有的住房抵押贷款进行证券化。各类金融机构将它们持有的住房抵押贷款出售给 GSE，同时获得所出售抵押贷款的受益凭证（beneficial certificate）。通过这种互换的方式，它们持有了比住房抵押贷款更具市场流动性的 RMBS。这就使得各类储蓄机构可以更快、更容易地出售其 RMBS，并由此削减其债务。GSE RMBS 和 Ginnie Maes 统称为机构担保 RMBS 或简称为机构 RMBS，如图 2—1 所示，其发行额在 1982 年首次超过了 500 亿美元。在 3 年之后的 1985 年，其发行额超过了 1 000亿美元；1992 年，其发行额迅速增加，超过了4 500亿美元；1993 年超过了 5 500 亿美元；1998 年更是高达7 200 亿美元。2000 年，机构 RMBS 发行额有所回落，下降到 4 800亿美元。但是在 2003 年，其发行额又急剧增加到超过 21 310亿美元。2004—2006 年，机构 RMBS 每年的发行额又再度大幅回落到 10 000 亿美元左右。我们将在第 4 章详细介绍 Ginnie Mae，Freddie Mac 及 Fannie Mae 所担保的 RMBS 并讨论其年发行额及其巨幅波动的原因。这种波动主要是因抵押贷款利率变动而引起的，这种利率变动对购房及再融资以至最终抵押贷款的发放都产生了重大影响。抵押贷款的发放情况又会影响到抵押贷款证券的发行。

在此需要指出的是，在机构担保 RMBS 快速发展的同时，没有经过政府机构担保的 RMBS（在术语上被称为非机构担保 RMBS 或简称非机构 RMBS）的发展速度也相当快。在 1983 年，非机构担保 RMBS 的发行额还不足 20 亿美元。

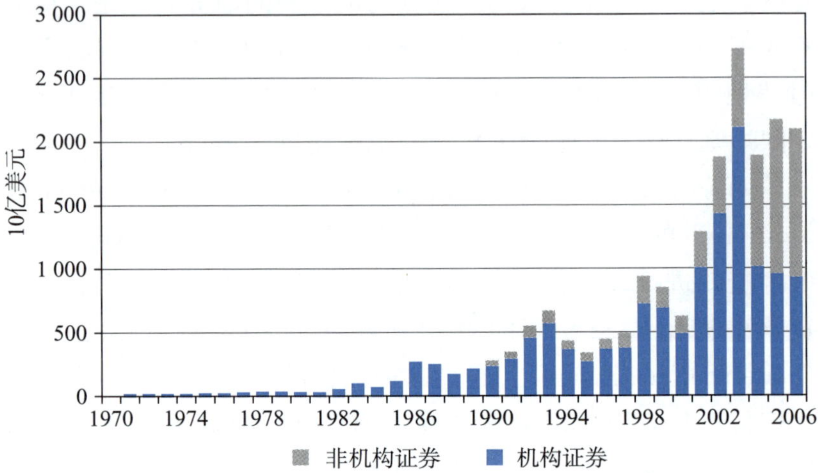

图 2—1　机构和非机构证券年发行额，1970—2006 年

资料来源：The Bond Market Association.

而到了 1993 年，其发行额就增加到了将近 1 000 亿美元。1994—1996 年，发行额下降到每年 400 亿～500 亿美元之间，而在 1997 年又恢复到 1 000 亿美元以上。2001 年，发行额翻了一番以上，达到了 2 700 亿美元。之后的几年中，非机构担保 RMBS 每年都有大幅增长。到了 2005 年和 2006 年，其年发行额已经超过了 1 万亿美元。

同样明显的是，20 世纪 80 年代中期，信用卡、汽车消费贷款、助学贷款以及制造业房屋贷款的发起人也参照 RMBS 市场的模式，将其新增贷款进行打包，用于发行资产支持证券。近年来，一些其他新的金融资产，如财产税留置权（property-tax liens）和设备租赁合约（equipment lease）等也被用于证券化。如图 2—2 所示，资产支持证券（ABS）的年发行额从 1985 年的仅超过 10 亿美元发展到 2003 年的 4 400 亿美元。2004—2006 年，ABS 发行额继续急剧膨胀，每年发行额都在 7 000亿美元以上。在大约相同的时期内，商业不动产抵押贷款也被打包起来用于发行商业房地产抵押贷款支持证券（commercial mortgage backed securities，CMBS)。CMBS 的发行额 1987 年仅为 40 亿美元，而 1998 年则达到了 780 亿美元，在 2003 年则缓慢上升到 800 亿美元。到了 2005 年和 2006 年，CMBS 也突破了千亿美元大关，分别达到 1 500 亿美元和 2 100 亿美元。我们将在第 7 章详细介绍 CMBS，在第 8 章介绍 ABS。

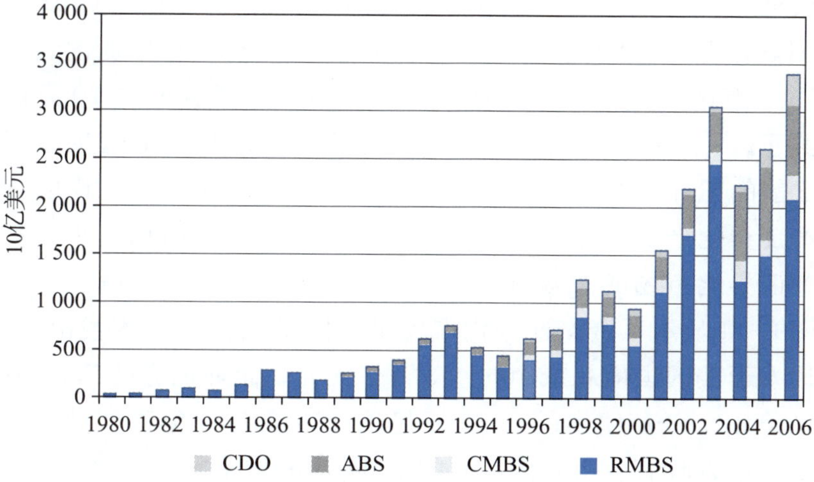

图 2—2　RMBS，CMBS，ABS 和 CDO 的年发行额，1980—2006 年

资料来源：The Bond Market Association.

最近创造的资产支持证券通常被称为债务抵押债券(collateralized debt obligation，CDO)，其中包括贷款抵押债券（collateralized loan obligation，CLO）和债券抵押债券(collateralized bond obligation，CBO)。CLO 主要由银行通过出售所持有的工商业贷款来发行。CBO 主要由债券或股票基金管理人来发行，他们通过发行这些债券筹集资金，以购买更多的债券或股票进行管理。正如我们曾提及的，CDO 是新的受欢迎的资产证券化债券品种，其基础资产本身就是资产证券化债券。1996 年，CDO 的发行额大约为 200 亿美元，到 1997 年就快速上升到 760 亿美元。1998—2003 年，其发行额在 600 亿～700 亿美元之间徘徊。CDO 的年发行额 2005 年也首次突破千亿美元，达到 1 900 亿美元的规模。2006 年，这个规模又暴涨至 3 300 亿美元。我们将在第 9 章讨论 CDO。

总的来说，在过去的 20 年中，市场不断对各类资产进行证券化尝试。经过努力，目前已经形成了四个主要的资产证券化市场：RMBS，CMBS，ABS 以及 CDO。图 2—3 显示，截至 2006 年底，RMBS（包括机构和非机构担保），CMBS，ABS 以及 CDO 的总余额（outstanding balance）分别达到了 5.60 万亿美元、0.65 万亿美元、2.00 万亿美元和 0.70 万亿美元。（需要指出的是，资产证券化产品的总余额远远小于之前的累计总发行额。这是因为每年都会有相当大规模的资产证券化产品到期或提前偿还。）将各类产品加总起来，资产证券化市场的总规模在 2006 年底达到了 8.95 万亿美元。图 2—4 显示，资产证券化市场是美国最大的固定收益市场，远大于美国国债总余额的 4.3 万亿美元、企业债券的 5.20 万亿美元、GSE 债券的 2.70 万亿美元以及各种免税债券（国家、地方政府或市政债券）的 2.34 万亿美元。

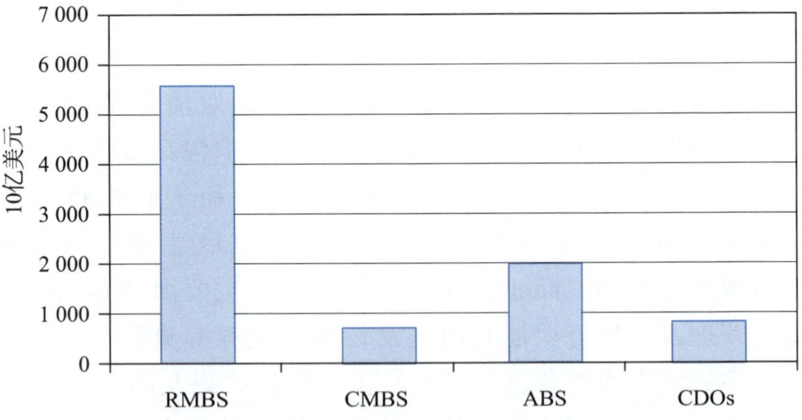

图 2—3　各类资产证券化产品余额，2006 年底

资料来源：The Bond Market Association.

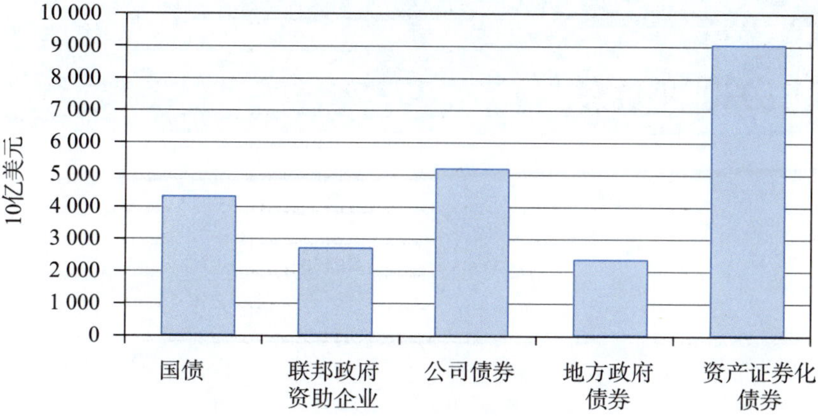

图 2—4　各类固定收益证券余额，2006 年底

资料来源：The Bond Market Association.

第 3 章 住房抵押贷款

住房抵押贷款的概念与品种

住房抵押贷款的发放

美国住房抵押贷款市场的发展历史与规模

中国的住房抵押贷款情况

对大多数人而言，购买房屋是其一生中最重要的一笔投资，因为房价常常是购房者年收入的若干倍。购房者很少有用现金一次性支付购房款的，通常的做法是，以住房抵押贷款的形式获得一笔长期融资来完成交易。

本章将介绍住房抵押贷款的概念、摊还操作模式，以及在美国最常见的 30 年期固定利率住房抵押贷款和其他类型的抵押贷款。接下来将对住房抵押贷款的发放过程、不同类型的贷款人、抵押贷款的服务人和保险人进行介绍。最后介绍美国住房抵押贷款市场过去 30 多年的发展历史。

住房抵押贷款的概念与品种

笼统地讲，住房抵押贷款是一种长期融资工具，房屋所有人以其住房（独栋住宅或公寓住宅（apartment））作抵押对贷款提供抵押担保。在大多数情况中，通过抵押贷款获得的融资就是用于购买被抵押的住房。不过目前，抵押贷款也会被用于除购房外的其他用途。（例如，房屋所有人将部分贷款用于子女教育费用。）

在美国的 50 个州中，抵押贷款在法律上存在着产权（title）转移和留置权（lien）转移之分。在规定产权转移的州中，住房抵押贷款意味着该住房的产权由借款人处真实转移至贷款人处。当借款人还清贷款时，该住房抵押即被撤销。相反，在规定留置权转移的州中，抵押贷款给予贷款人的仅仅是对被抵押住房的留置权。

抵押贷款分住房抵押贷款和商业房地产抵押贷款。住房抵押贷款可以由单户住宅（single-family）、2～4 户住宅（two-to four-family）或多户住宅（multi-family）共用房产提供担保。在本书后面的讨论中，除非特别指出，住房抵押贷款指的是单户住房抵押贷款。商业房地产抵押贷款则通常由五种类型的房地产提供担保，分别是办公楼（office building）、工业用房（仓库）、公寓住宅、医护用建筑（医院或高级护理机构）和旅馆建筑（旅馆或汽车旅馆（hotel/motel））。

办理单户住房抵押贷款涉及许多冗长的法律文件。就其实质而言，需要明确的内容有贷款金额、借款人的还贷义务、对住宅房屋物理结构和所占土地的描述，以及借款人对该房屋拥有所有权。抵押贷款还会对房屋维修、抵押贷款保险（防范借款人在贷款还清之前丧失继续还贷能力的风险）、房屋财产损失保险（防范火灾、水灾等风险，有时也包括地震）以及支付财产税和房屋损失险保费等内容作出详细规定。贷款条款则对年利率（固定利率或浮动利率（fixed rate or adjustable rate））、分期付款期限（mortgage maturity）、到期日和月还款额（monthly mortgage payment）予以明确。由于抵押贷款是一种长期融资工具，所以贷款人在贷款发放前应对借款人进行仔细审查，以确保其具备相应的经济实力。贷款发放后，贷款人还需考虑借款人是否有能力维持每月的分期还款。因此，发放一笔住房抵押贷款需要考虑的因素包括借款人的还款能力、标的房产的价值，以及违约保险等，确保贷款人在贷款发放之后能够最大限度地降低最终的违约损失。

固定利率抵押贷款的特点

固定利率抵押贷款（fixed-rate mortgage）包含以下要素：分期付款期限、预定的年利率、还款频率，有时还需购买保险，以防范借款人在不利的经济环境下出现违约风险。固定利率抵押贷款的分期付款期限通常为30年，月还款额保持固定不变，即等额还款（level-payment）。因此，其有时也被特指为等额定率抵押贷款（level-payment fixed-rate mortgage，LPFRM）。

固定利率抵押贷款每月的还款额保持固定不变，其中包含了利息和本金两个部分。尽管每月还本付息的总额在整个还款期内保持固定，但两个部分的构成比例却始终在变化。在还款初期，月还款额主要由利息构成，但到了后期，则是本金占主要部分。这种月还款总额不变、本金偿付比例逐渐提高的还款模式称为摊还（amortization）。

在抵押贷款初始金额一定的条件下，月还款额的多少取决于抵押贷款利率。利率不同，还款额中本金与利息的构成比例也会不同。图 3—1 至图 3—4 列出了两笔 30 年期固定利率抵押贷款的分期偿还情况。其中一笔贷款的年利率为 6%；另一笔的年利率是其 3 倍，为 18%。两笔贷款的初始额度都是 10 万元。通过对比两笔贷款的还款情况，可以得出以下结论：

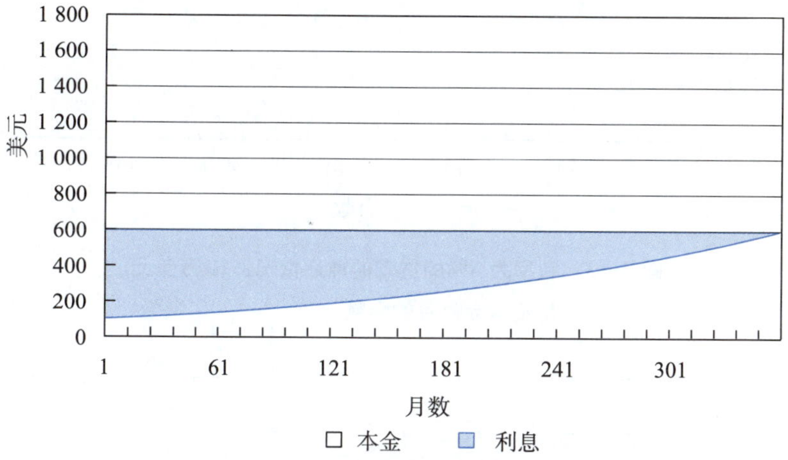

图 3—1　利率为 6%的贷款的摊还情况：10 万美元初始本金每月偿还的本金和利息

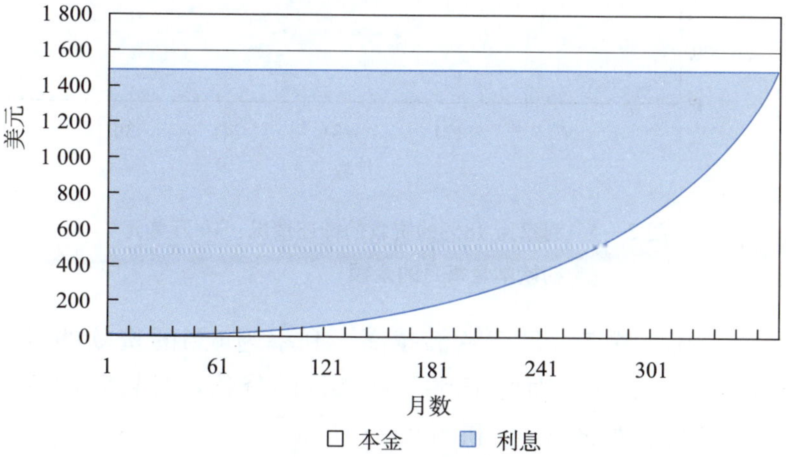

图 3—2　利率为 18%的贷款的摊还情况：10 万美元初始本金每月偿还的本金和利息

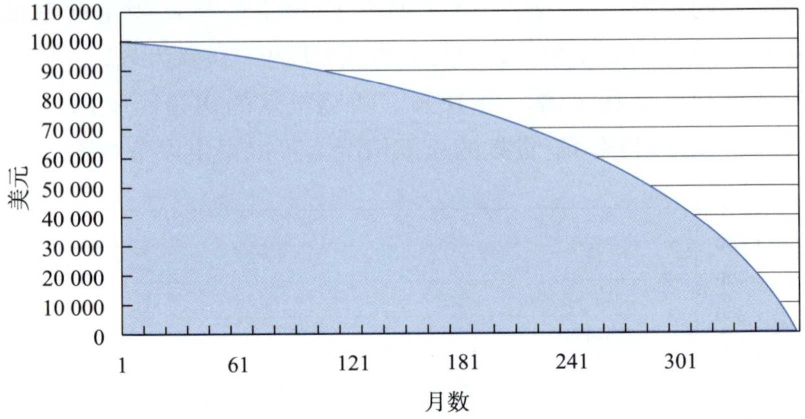

图 3—3　利率为 6%的贷款的摊还情况：10 万美元初始本金每月的余额

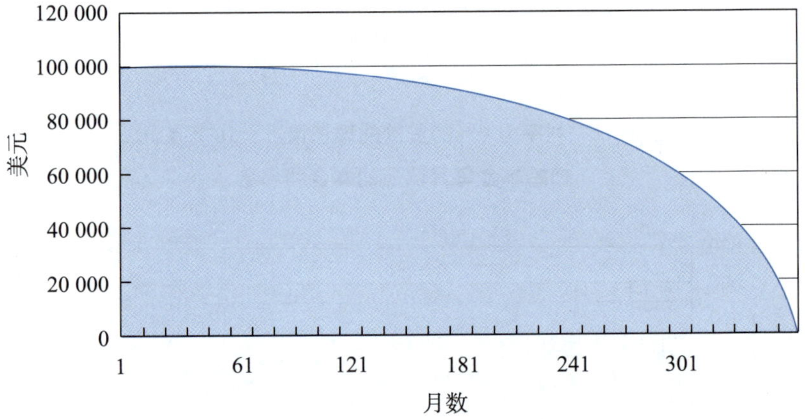

图 3—4　利率为 18%的贷款的摊还情况：10 万美元初始本金每月的余额

1. 利率越高，月还款额越高。利率为 6%的贷款的月还款额为 600 美元，而对于利率为 18%的贷款，月还款额达到 1 507 美元，如图 3—1 和图 3—2 所示。

2. 尽管两笔贷款的月还款额在整个贷款期限内保持固定，本金偿还和利息支付的构成比例却一直在变化。在两笔贷款的偿还初期，月还款额主要用于支付利息，本金仅占很小一部分。随着时间的推移，本金所占比例逐渐升高，利息所占比例相应下降。

3. 与高利率贷款相比，低利率贷款的摊还速度更快。如图 3—3 所示，截至第 10 年底，对于利率为 6%的贷款，其 10 万美元的贷款金额中有 1/5 已被偿还。相反，从图 3—4 中可以看出，同样在第 10 年底，对于利率为 18%的贷款，只有不到 4%的本金获得偿还。

4. 尽管两笔贷款的利率相差 3 倍，但高利率贷款的月还款额只有低利率贷款月还款额的 2.5 倍。之所以不到 3 倍，是因为月还款额中不仅有利息，还包括本金。实际上，只有在第一个月，高利率贷款月还款额的利息部分才严格是低利率贷款利息部分的 3 倍。

其他类型的抵押贷款

30 年期固定利率抵押贷款是美国房屋贷款市场中最常见的住房抵押贷款类型，不过市场上也存在其他类型的抵押贷款，购房者可选用它们作为固定利率抵押贷款的替代融资工具。当抵押贷款市场利率水平和房地产市场环境发生变化时，这些替代性的贷款品种对贷款人和购房者有着独特的吸引力。

浮动利率抵押贷款

20 世纪 80 年代初，美国的通货膨胀情况严重，利率暴涨，固定抵押贷款利率几乎超过 20%。浮动利率抵押贷款（adjustable-rate mortgage，ARM）因此大受购房者和贷款人的欢迎。浮动利率抵押贷款的主要特点是，贷款利率可根据当时的市场利率水平定期进行调节。从贷款人的角度看，在严重的通货膨胀环境中，贷款人不愿发放 30 年期固定利率抵押贷款。因为利率的持续上升会导致银行和储贷机构（其主要业务即发放住房抵押贷款）的资产负债期限出现不匹配。这些机构作为传统上主要的抵押贷款发放人，其资金来源以短期储蓄为主。由于这种资金来源方面的限制，这些贷款人非常希望获得短期资产。

浮动利率抵押贷款的另一个特点是，贷款利率在初期显著低于固定利率。从借款人的角度看，固定利率抵押贷款的高利率会显著提升每月的还款额，增加购房者申领贷款的难度。（我们在后面的章节中会论述，贷款人在评估购房者是否有资格获得抵押贷款时，会计算两种债务收入比率。高利率抵押贷款会显著增加购房者申请贷款的难度。）因此，浮动利率抵押贷款在高利率和高房价环境中比固定利率抵押贷款更具吸引力。

浮动利率抵押贷款的还款期限通常为 30 年，绝大多数以年为基础调整利率。利率调整（或称做利率重置（rate adjustment））的方法是，在指标利率（index rate）的基础上加一个差额（称做利差（margin），通常为 100～300 个基点），随着指标利率的变动而变动。指标利率既可以是一组货币市场利率，如 3 个月、6 个月或 12 个月期的短期国债利率（Treasury bill rate），也可以是根据贷款人的融资利息成本计算出来的资金成本指数（cost of funds index，COFI）。最常用的资金成本指数与储贷机构的资金成本挂钩。

出于保护借款人的目的，浮动利率抵押贷款规定，利率不可无限制地上调。大多数浮动利率抵押贷款对利率的年调整幅度（定期调整额度（periodical cap））和总调整幅度（全部调整额度（lifetime cap））均设置了上限。最常见的是，将定期调整上限定为 2%，将总调整上限定为 5%。浮动利率抵押贷款除了其利率水平堪比短期利率，明显低于固定利率抵押贷款外，它的另一个非常吸引借款人的特点是优惠初始利率（teaser initial rate）。在浮动利率抵押贷款的初始时期，贷款人甚至常常会把贷款利率设定得比当时的市场利率还要低，这么做的目的主要是为了吸引更多的潜在购房者。

举一个例子，假定贷款发放时的一年期国债利率为 3%，利差为 275 个基点。如果浮动利率抵押贷款不提供优惠，首年利率将是 5.75%。利率在第一年调整的上限为 7.75%，总调整上限为 10.75%。如果提供 150 个基点的折扣优惠，首年利率将只有 4.25%。首次利率调整和总调整上限分别为 6.25%和 9.25%。

15 年期固定利率抵押贷款

另一种贷款类型是 15 年期固定利率抵押贷款（fifteen-year fixed-rate mortgage）。与 30 年期固定利率抵押贷款一样，15 年期贷款也有着固定利率和均衡的还款安排，只是还款期限只有 30 年的一半。由于期限短，与 30 年期贷款相比，15 年期贷款的月还款额中本金偿还比例要高得多。也就是说，同等利率条件下，15 年期贷款的月还款额中更多的部分被用于偿还本金。原因很简单，因为如果贷款要在 15 年内还完，与 30 年还完相比，每月需偿还的本金自然要多得多。假设有一笔 15 年期、利率为 6%的贷款，月还款额为 844 美元。用前面的例子作比较，30 年期、利率为 6%的贷款的月还款额为 600 美元。在第一个月，两笔贷款支付的利息均为 500 美元。15 年期贷款月还款额多出的 244 美元完全是因为本金偿还速度加快带来的。另外，随着贷款逐期偿还，本金的摊还速度也在不断加快。

15 年期抵押贷款的本金偿还速度快、贷款期限短的特点对贷款人很有吸引力。这不仅是因为贷款人每个月能够收回更多的本金，而且整个贷款的回收期限也显著缩短。因此，贷款人愿意为 15 年期贷款提供较 30 年期贷款低的利率。由于利率低，15 年期贷款对购房者也具有吸引力，尤其对每月能够负担更高还款额的借款人更是如此。近年来，抵押贷款利率处于 50 年以来的最低水平，15 年期抵押贷款尤其受欢迎。2003 年，30 年期抵押贷款利率多在 5.5%附近徘徊，而 15 年期贷款利率则低于 5%。由于利率很低，大多数购房者能够负担得起 15 年期抵押贷款。特别是 15 年后即可“无债一身轻”的前景，使得该贷款特别具有吸引力。

渐进偿还式抵押贷款

20 世纪 70 年代末 80 年代初，美国住房价格飙升，利率也不断攀高，以致许多潜在购房者无法承受。为了让这些人买得起住房，市场上出现了渐进偿还式抵押贷款（graduated-payment mortgage，GPM）。该贷款有 30 年的还款期，但与同等利率、等额还款的固定利率抵押贷款相比，该贷款首年的月还款额非常低。从第二年起，还款金额以一个事先设定的速率——渐进偿还速率（graduate payment rate）上升，直至一定期限，即渐进偿还期（graduate payment period）。渐进偿还期之后，月还款金额将保持固定不变。如比较常见的是渐进偿还速率为 7.5%，渐进偿还期为 5 年。利率为 6%的渐进偿还式抵押贷款首年的月还款额为 445 美元，比同等利率、等额偿还贷款 600 美元的月还款额低得多。

由于渐进偿还式抵押贷款首年的月还款额非常低，甚至不足以偿还贷款第一个月的利息（500 美元），更不用说本金了。在月还款额每年增长 7.5%的情况下，要到第三年才开始偿还本金。在前两年，由于还款不足以支付利息，本金不仅没能减少，反而有所增加。这种初始本金不降反升的情况称为负摊还（negative amortization）。按照上面的假设，贷款的本金余额在头两年保持增长。在第四、第五年，月还款额仍以每年 7.5%的速度增加，最终的月还款额确定在第五年的水平上，这比前几年高得多。近年来，由于抵押贷款利率处于 50 年来的最低点，渐进偿还式抵押贷款几乎绝迹。

双周偿还式抵押贷款

双周偿还式抵押贷款（biweekly mortgage）的出现主要是为了使得借款人的还款时间与领取薪水的频率保持一致。近些年，越来越多的公司以两周一次的频率向雇员支付薪水。因此对借款人（多指房屋所有者而非租房者，因为美国的房屋拥有率已接近 70%）而言，在两周一次的发薪日签署还款支票就显得非常方便。双周还款额恰恰是该贷款以 30 年期、按月偿还时还款额的一半。

从摊还的角度看，双周偿还式抵押贷款一年偿还 26 次，因此，对借款人更有价值。这种偿还方式加快了贷款的摊还速度，使得最终的还款期限不到 30 年。例如利率为 6%、30 年期的抵押贷款，按照双周的频率还款（每次还款额为该贷款以 30 年期、按月偿还时还款额的一半），贷款将在第 720 个还款期内摊还完毕，时间一共是 27 年零 8 个月。由于还款期限短，双周偿还式抵押贷款的利率比正常的 30 年期抵押贷款利率略低。

气球型抵押贷款

气球型抵押贷款（balloon mortgage）也有着 30 年的摊还计划，但通常会在 5 年、7 年或 10 年的时候到期，并一次性偿还完毕（还款额突然膨胀并终结，故喻为“气球型”）。气球型贷款适合那些可能会经常迁居的购房者。由于他们不打算在一个地方居住很长时间，所以无须获得 30 年期的融资。但他们又的确需要按照 30 年期的计划摊还该贷款。对这类人而言，气球型抵押贷款是理想的选择。同样，由于期限缩短，此类贷款利率较低，其月还款额也较低。气球型抵押贷款广受经常迁居者的欢迎。

二次抵押贷款

二次抵押贷款（second mortgage）的现金流结构与通常的固定利率或浮动利率抵押贷款没有什么不同。但在留置权设置方面，二次抵押贷款对担保财产的留置权要次于第一留置权抵押贷款。通常，除非特别说明，说到固定利率或浮动利率抵押贷款，假定它们都拥有第一留置权（first-lien）。首次抵押贷款和二次抵押贷款的主要区别在于出现违约时的情况。如果借款人无力偿还二次抵押贷款，二次抵押贷款的贷款人——第二抵押权人（the second mortgagee）罚没（foreclosure）抵押品必须获得第一抵押权人（the first mortgagee）的同意。或者，第二抵押权人可以选择先向第一抵押权人清偿债务，然后罚没抵押财产。

二次抵押贷款的发放对象是那些已经拥有相当高比例房屋权益（home equity）的借款人，他们想利用所拥有的这部分房屋权益为其他花销进行融资（房屋权益是房屋的市场价值与该房屋所担保的抵押贷款未清偿余额之间的差额）。由于二次抵押贷款拥有的是第二级（低级（junior））留置权，风险（违约及最终损失）相对较高，所以，与一级抵押贷款相比，其利率通常明显偏高（可以是固定或浮动利率），摊还期限较短，贷款额较小。

房屋权益贷款

20 世纪 90 年代之前，房屋权益贷款（home equity loan）基本是二次抵押贷款，每年发放规模较小。《1986 年税收改革法案》（Tax Reform Act of 1986）在美国实施之后，房屋权益贷款开始增长。该法案不再允许将非住房抵押类贷款的利息从应税收入中扣除，为了继续享有住房抵押贷款的利息税前扣除的优势，房屋所有者开始通过房屋权益贷款替代其他消费性债务融资（这就是我们论述过的抵押贷款用于非住房性消费的情形）。

由于房屋价格20世纪90年代飞涨，房屋权益贷款越来越受欢迎（过去10年间，美国住房价格的中值（median）以每年5%以上的速度上升）。更重要的是，激烈的竞争和确保贷款发放规模的市场压力迫使贷款人不得不充分拓展住房权益贷款的发展空间。在发展过程中，房屋权益贷款这一概念逐渐没有了第二级留置权抵押贷款的含义。大多数房屋权益贷款变成了第一留置权抵押贷款，发放对象主要是信用有瑕疵的借款人。这些借款人近来要么没能按时偿付某项债务的利息，要么已经破产。由于这个原因，房屋权益贷款又被称为低质抵押贷款（subprime mortgage）。与之相应，对不存在信用问题的借款人发放的贷款称为优质抵押贷款（prime mortgage）。

混合抵押贷款

混合抵押贷款（hybrid mortgage）结合了固定利率和浮动利率抵押贷款的特点。该贷款在最初几年完全可以看做30年期固定利率抵押贷款，但一定期限之后就变成了浮动利率抵押贷款。例如，有一种非常普遍的“5-1”型混合抵押贷款（“5-1” hybrid mortgage）。如其名称所示，该贷款在最初5年完全是30年期固定利率抵押贷款。但从第6年初开始，该贷款变成了一年一调整的浮动利率抵押贷款。这种贷款的优势在于，其初始利率略低于真正的30年期抵押贷款。之所以初始利率可以略低，是因为5年后利率即可进行调整，而利率调整可以降低贷款人的利率风险，因此贷款人愿意提供相对较低的利率。在房屋权益贷款方面，比较常见的混合贷款类型是“2-28”型抵押贷款。头两年贷款利率固定，其余 28 年的利率可以调整。

住房抵押贷款的发放

住房抵押贷款的发放过程开始于潜在的购房者（借款人）向贷款发放人（贷款人）提出贷款申请。对于绝大多数人而言，房屋抵押贷款是其最重要，通常也是最大的一笔金融交易，也常常是其最大的一笔负债。贷款人在发放抵押贷款时，通常会考虑四个问题：借款人目前的收入水平与贷款额度、借款人的信用记录、抵押房产的评估价值，以及贷款的首付额度。

房屋支出比率和债务比率

贷款人在衡量贷款额度时会考虑借款人的年收入，以确保借款人不会承受过重的债务负担去购买那些超出自身承受能力的昂贵房屋，以致无法做到每月按时还款。贷款人在发放抵押贷款时通常会计算两个比率：房屋支出比率（housing ratio）和债务比率（debt ratio）。房屋支出比率有时也被称做前端比率（front-end ratio），它是每月还贷本金、利息、物业税和保险费支出（P. I. T. I. ）与借款人总月收入之比。P. I. T. I. 代表了每个月需支付的贷款本金（principal）、利息（interest）、物业税（property tax）和保险费（insurance premium）（房屋损失保险，如果有的话还包括抵押贷款保险）。债务比率也被称做后端比率（back-end ratio），是每月总债务（P. I. T. I. 加上任何其他的消费债务，如信用卡或汽车贷款还款）与总月收入之比。

总的来说，如果借款人的房屋支出比率不超过28%且债务比率不超过36%，贷款人即会向其发放贷款。例如，假设某笔住房抵押贷款每月的P.I.T.I.为1 200美元，借款人每月的总收入为5 000美元。再假设借款人每月还需偿还500美元的信用卡和汽车贷款。其房屋支出比率为24%（=1 200/5 000），债务比率为34%［=(1 200+500)/5 000］。两个比率均在指导范围之内，借款人于是可以获得借款。这些指标当然需要根据经济体系及实际情况设定，比如在中国这些指标可能会有显著不同。

信用记录

借款人的信用记录非常重要，因为它反映了借款人对金融债务的处理方式。信用记录通常包括信用卡和其他短期债务的偿还情况，还包括以前或其他抵押贷款的偿还历史。如果借款人拥有良好的信用记录，从未或极少出现不按时还款的情况，其账户——消费贷款，如信用卡、汽车贷款、助学贷款、银行个人贷款等等将处于有效（current）状态。相反，经常拖延还款会带来有瑕疵的信用记录。有时，意外事件会造成不能按时还款，比如失业、疾病或其他财务压力。这些问题是贷款人衡量借款人财务状况时必须考虑的因素。目前的信用评分体系经常将借款人评估为A、B、C和D四个等级。A级借款人的信用风险最低，D级最高。其中，由费尔-艾萨克公司（Fair，Isaac，and Co.）开发的FICO系统是一个常用的信用评分体系。借款人在信用、收入、资产、负债和工作等方面的各种历史记录和当前情况会被量化成一个分值。从统计的角度看，该分值作为一种指标被证明对借款人的违约风险有高度的预见性。分值越高，借款人的信用质量越高，最终的违约风险也就越低。该体系的分值范围在400～800之间，借款人的FICO分值在720左右的属于A级，表示其信用良好并有着最低的违约风险；借款人的FICO分值低于620分的，则被归入C或D级，表示其信用不好、违约风险甚高。

房产市价评估

由于抵押贷款由房屋作担保，所以房屋的市场评估价值（appraised value）会对贷款人的决策产生重要影响。这些决策包括，是否发放抵押贷款，如果决定发放贷款，贷款的规模是多大等等。作为贷款申请的一部分，借款人必须向贷款人提供由专业、合格的资产评估机构对房屋市场价值所作的评估。如果评估价值低于房屋的购买价格，贷款人将不予发放贷款。

需要指出的是，评估价格源于房屋的可比较性（comparability）。也就是说，被评估房屋的价值高低取决于临近地段最近出售的同类房屋的价格。评估价值的准确程度常常受当地房地产市场的影响。在二手房市场（existing housing market）活跃、交易频繁的地段，评估价格较为客观，也能较准确地反映被评估房屋的价值。相反，在二手房市场低迷、交易不活跃的地段，则很难对房屋价值作出准确评估。在这种情况下，评估价格常常会达不到房屋的购买价，因此，即便借款人符合条件，贷款人仍不得不缩减贷款额度。

首付款项

在一笔典型的抵押贷款中，贷款人发放的贷款额度仅为房屋售价的一部分。房屋售价和贷款额之差被称做首付

(down payment)，由借款人负担，借款人必须自行筹措这部分资金。贷款与房价之比叫做按揭比率（loan-to-value ratio，LTV）。假设贷款人按房屋购买价的 80%发放贷款，首付比率为 20%，其按揭比率即为 80%。

我们在后面的章节中会论述，按揭比率超过 80%的抵押贷款通常需要抵押贷款保险（mortgage insurance）。对于无力承担高额首付款的中低收入购房者，按揭比率可高达 98%。按揭比率的高低反映了购房者的负债水平以及贷款所蕴涵的风险程度。实证研究表明，高负债比率（高按揭比率）的贷款的违约概率较高。因此，高按揭贷款（超过 80%）被视做风险较高的贷款，需要有抵押贷款保险。抵押贷款保险可以由商业保险机构或政府机构提供。

主要的抵押贷款发放机构

住房抵押贷款传统上主要由三类机构发放——商业银行、储贷机构和抵押贷款机构（mortgage banker）。商业银行和储贷机构是储蓄贷款人。它们通常以储蓄存款作为抵押贷款的资金来源。（不过由于资产证券化的出现，这种资金来源已变得越来越不重要了。）抵押贷款机构属于非储蓄类贷款人。它们从商业银行获得短期融资（short-term lines of credit）为抵押贷款提供资金，并将新发放的抵押贷款在二级市场上出售，用于偿还这些短期融资。（贷款人向借款人发放贷款的交易属于一级市场交易（primary market transaction)；二级市场是贷款人向投资者出售贷款的市场。）

这三类贷款机构合计占每年抵押贷款发放总额的 90%。（剩余 10%左右的贷款由财务公司、信贷联盟或其他机构发放。）实际上，近年来它们合并的市场份额几乎达到了 100%。其中，抵押贷款机构逐渐成为最重要的贷款人，占据了将近50%的贷款市场份额，商业银行和储贷机构的份额相应有所减少。

贷款人通过发放贷款收取发放费（origination fee）。发放费用点（point）表示，1个点等于抵押贷款余额的1%。近年来，发放费平均略低于2个点。抵押贷款发放之后，储蓄贷款人既可以将其作为资产持有，也可以将其出售给投资者。而非储蓄贷款人因为无法吸收存款，所以必须将发放的贷款出售给投资者。

抵押贷款服务人

无论贷款在二级市场上出售，还是由贷款人自己持有，贷款都需要获得服务。服务的内容包括：向借款人收取每月的还款金额并将其转付给投资者；向借款人发送付款和过期通知；登记本金余额；管理不动产税和保险费的第三方资金保管账户（借款人提前偿还的贷款）；当借款人出现拖欠或违约时，代替借款人向投资者进行预先偿付；当贷款违约时，罚没并保管抵押房产。

服务人可以是与银行或储贷机构相关的机构以及抵押贷款机构。贷款发放人可以自己承担服务职责并收取服务费，或将其出售给其他服务人。服务人可以通过多个渠道获得收入，包括服务费（按抵押贷款余额的一个固定的比例收取，通常为30～45个基点）、第三方资金保管账户的利息、收到还款与向抵押贷款所有权人支付还款之间这一时间段所产生的浮动利息，以及延迟还款的罚没收入。当然，在过去几年短期利率处于50年最低点的时候，这部分浮动利息非常小。

抵押贷款保险人

单户住房抵押贷款是一种债务工具，与其他个人债务一样要承受信用风险。由于各种社会、经济和人口方面的原因，如离婚、失业或意外的财务压力，借款人可能无法继续维持每月按时偿还贷款。如果借款人连续3个月无法偿还贷款（拖欠90天），该笔贷款通常就被认定为违约。

从历史记录看，抵押贷款违约与贷款的初始按揭比率呈正相关关系。当按揭比率超过80%（高度负债）的时候，贷款违约的风险会变得尤其高。出于这个原因，当抵押贷款的按揭比率超过80%的时候，贷款人通常要求抵押贷款获得保险。

抵押贷款保险可以由联邦政府机构或抵押贷款保险公司（mortgage insurance company，MIC）提供。前一章提到的联邦住房管理局（FHA）提供抵押贷款保险主要是为了提高中低收入家庭的住房拥有水平。退伍军人事务管理局（VA）是为了确保退伍军人享受到抵押贷款的福利。抵押贷款保险公司作为商业机构则是为了追求利润。

FHA 保险

FHA根据《1934年国民住房法案》（National Housing Act of 1934）成立。FHA提供的保险可覆盖全部贷款，但对贷款金额有一个上限要求。由于不同地区的房价差别很大，FHA的限额根据房产所处地点会有所不同。标准的FHA保险限额为67 500美元。对于高物价地区，该限额可以上升至155 250美元。借款人会向FHA支付一笔保险费。一旦还款出现违约，FHA有两个选择：（1）不向贷款人支付保险金额，让贷款人拥有房屋产权用于拍卖；（2）向贷款人支付保险金额，自己获得房屋产权，随后将房产拍卖以弥补损失的保险金额。

VA 担保

《1944 年军人再调整法案》(The Servicemen's Readjustment Act of 1944) 授权退伍军人事务管理局对符合条件的退伍军人提供抵押贷款担保。与 FHA 保险 (FHA insurance) 不同，VA 只能对一部分贷款提供担保。如果贷款金额少于 14.4 万美元，担保额度则会被限制在 3.6 万美元。如果贷款超过 14.4 万美元，保障上限就会增加至 50 750 美元或贷款金额 25%中的较低者。与 FHA 担保贷款不同，VA 担保不收取保险费。与 FHA 保险一样，如果出现还款违约，VA 同样也提供两种选择：(1) 不向贷款人支付保险金额，让贷款人拥有房屋产权用于拍卖；(2) 向贷款人支付保险金额，自己获得房屋产权，随后将房产拍卖以弥补损失的保险金额。

抵押贷款商业保险

未受到政府机构担保的抵押贷款称为常规抵押贷款。根据其按揭比率，这些贷款可以由抵押贷款保险公司 (MIC) 提供保险或者根本不参加保险。目前，有 10 家主要的抵押贷款保险公司。这 10 家 MIC 构成了抵押贷款商业保险 (private mortgage insurance) 行业的主体。这个行业自从 20 世纪 20 年代就已存在，但是经营不力和准备金不足导致其在 20 世纪 30 年代崩溃。50 年代中期该行业再度出现之后，没有再发生过财务危机，但 MIC 的数目却不时发生变化。

如表 3—1 所示，10 家 MIC 的信用评级从 AA－到 AA＋不等，大部分为 AA 级。MIC 受州法律的监管并被法律限制只能经营单一业务——只能对住房抵押贷款提供信用保险。绝大多数投保商业保险的抵押贷款的按揭比率为 90%～95%之间。对 90%按揭比率的贷款，MIC 通常会对贷款金额的 25%提供保险；对 95%按揭比率的贷款，保障的比例为 25%～30%之间。与前两种情况一样，如果一笔受担保的常规抵押贷款出现违约，MIC或者支付保险金获得房屋产权；或者让贷款人获得产权。

表3—1　　　　抵押贷款保险公司的信用评级，2006年

抵押贷款保险公司	信用评级
ACE资本抵押贷款再保险公司	AA
CMG抵押贷款保险公司	AA−
GE抵押贷款保险公司	AA
MGIC保证公司	AA
抵押贷款担保保险公司	AA
PMI抵押贷款保险公司	AA
雷迪担保公司	AA
共和抵押贷款保险公司	AA
三元担保保险公司	AA
联合担保住房保险公司	AA+

资料来源：Standard & Poor's.

美国住房抵押贷款市场的发展历史与规模

过去20年中，随着利率环境的变化，出现了固定利率和浮动利率抵押贷款此消彼长的情况。当利率水平较高时（如1984年和1988年），浮动利率抵押贷款受到购房者的欢迎，其发放规模超过了传统的固定利率抵押贷款。相反，1992—1993年，长期利率处于历史低点，固定利率抵押贷款则占到了总贷款发放规模的将近80%。在这两年，房屋所有者纷纷对30年期的贷款进行重新融资，每期还款额大致不变，但还款期限缩短。在1994年利率攀升的时候，浮动利率抵押贷款又占到总贷款发放规模的约70%。除了1992—1993年利率偏低、再融资活跃的时期，固定利率抵押贷款的受欢迎程度一直有限。进入21世纪，利率一路走低，2003—2006年利率达到了50年的最低水平，固定利率因此又重新成为主流。

但最终真正受到购房者欢迎的是，结合了固定利率和浮动利率抵押贷款特点的混合抵押贷款。

单户住房抵押贷款在过去 30 年中增长迅猛。如图 3—5 所示，20 世纪 70 年代中期，每年的发放规模仅为 1 000 亿美元左右。（单户住宅和 2～4 户住宅的概念经常不加区分，因为贷款的绝大部分是单户住房抵押贷款。）到了 20 世纪 90 年代中期，住房抵押贷款的发放规模已经高达 1 万亿美元。婴儿潮人群（baby boomers）的住房需求成为持续大规模发放贷款的主要推动力（第二次世界大战之后，在 1946—1966 年的 20 年间，每年都有创纪录数量的婴儿出生。他们在 70 年代中期到达购房年龄并带来了大规模的住房需求。这 20 年间出生的人群被称为婴儿潮人群）。1986—1987 年、1991—1993 年非常活跃的再融资是大规模发放抵押贷款的另一个重要原因。但在 1994—1997 年，由于贷款利率上升并停留在一个较高的水平，导致购房及再融资规模萎缩，贷款发放规模分别下降到了 7 800 亿美元和 6 500 亿美元。

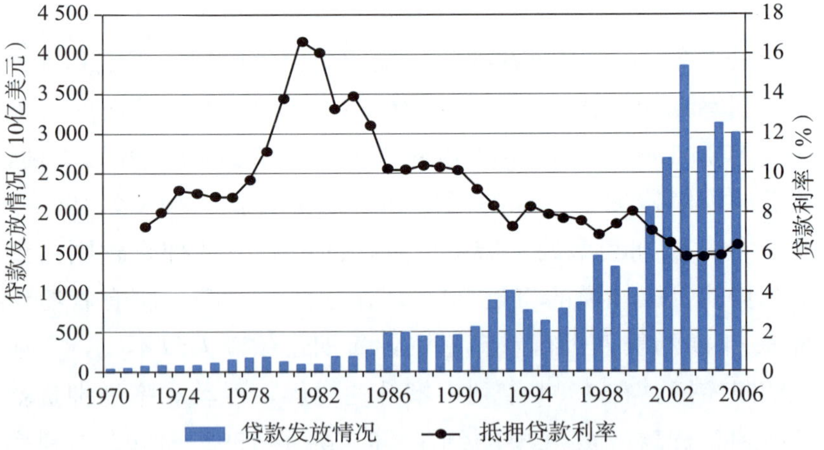

图 3—5　单户住房抵押贷款发放情况和 30 年期贷款利率变动情况，1970—2006 年

资料来源：Office of Federal Housing Enterprise Oversight.

这种抵押贷款利率变动导致贷款发放规模增减的现象在1998—2003年反复出现。1998年，贷款发放规模几乎高达1.5万亿美元，但利率上升迅速将贷款规模降到2001年的略高于1.1万亿美元。2003年，贷款利率下降又将贷款规模推至将近4万亿美元的新高。最近这两年，长期利率又回降到历史上的低点，贷款规模又重新回升到了3万亿美元左右的水平。

尽管每年的贷款发放规模巨大，但抵押贷款的净增长额（从贷款发放额中减去提前偿还部分）远远低于贷款发放规模。2003年的贷款发放规模将近4万亿美元，但抵押贷款的净增长只有8 000亿美元。虽然2004—2006年的贷款发放规模都在3万亿美元左右，抵押贷款的净增长也只位于8 000亿～1万亿美元之间。抵押贷款净增长速度之所以缓慢，是因为再融资和二手房出售规模过大的缘故。贷款利率处于历史低点引发了强劲的再融资需求。由于再融资主要是用等额的新贷款替换老贷款，以至于造成贷款发放数额巨大而新增余额较小。与之类似，二手房交易中的购房者也需要获得抵押贷款。但交易的结果是，二手房的出售者将还清二手房所负担的老贷款。这与再融资的效果一样，抵押贷款净增长余额有限。（2003—2006年每年有600万～700万套的二手房交易，以每套交易还清15万美元的老贷款计算，即可减少1万亿美元的贷款余额。）

以未清偿债务余额来衡量，住房抵押贷款市场是美国资本市场中最大的一个部分。截至2006年底，住房抵押贷款余额将近11万亿美元。其中90%是单户住房抵押贷款，其余10%属于多户住房抵押贷款。在超过10万亿美元的单户住房抵押贷款余额中，有将近65%的部分被打包用于发行抵押贷款转手证券，我们在下一章将对该问题进行探讨。

中国的住房抵押贷款情况

目前中国的住房抵押贷款市场与美国的住房抵押贷款市场相比存在显著不同。首先，中国的银行存贷款利率受中央银行的管制而非由市场决定。其次，国内发放的绝大多数住房抵押贷款属于浮动利率而非固定利率。该利率由中央银行规定，并随中央银行的调息而变动，商业银行只能在很小的范围内进行调整。所以，这种浮动利率与美国的市场化浮动利率——在变动幅度上实际上不存在任何限制——有所不同。

第 4 章
住房抵押贷款转手证券

Ginnie Mae 抵押贷款转手证券
概念与术语
Freddie Mac 连带损益证券
Fannie Mae 抵押贷款支持证券
非机构担保转手证券
定价与交易

我们在第 3 章中对住房抵押贷款及其市场进行了介绍，本章我们将进一步论述住房抵押贷款支持证券。抵押贷款支持证券由一个抵押贷款资产池提供担保和支持，偿付该证券唯一的现金流来源是资产池中每笔贷款的每月还款。由于抵押贷款资产池的每月还款由借款人经证券发行人“转手”至该证券的投资者，所以该证券又称为转手证券。

住房抵押贷款转手证券被看做最早的资产证券化模式。

在交易中，资产出售人就是住房抵押贷款的发放人。贷款发放人将资产池每月利息和本金现金流的直接所有权出售给特殊目的实体（即我们在第 1 章中所述的证券的发行信托机构），信托机构以此现金流为支撑发行住房抵押贷款转手证券，并将获得的证券发行收入转付给贷款发放人，作为接受现金流所有权所支付的对价。而投资者通过购买转手证券最终可以获得上述现金流的所有权，成为抵押贷款资产池收益权的持有人，也成为购房者间接但最终的资金提供者。住房抵押贷款转手证券实际上是将资本市场中的资金引入房地产市场。过去 30 年里，绝大部分时期美国的房屋需求都处于历史较高水平，住房抵押贷款转手证券在为房地产交易提供融资、提高美国住房拥有率、提高居民生活水平、推动经济增长等方面发挥了至关重要的作用。

本章将对不同类型住房抵押贷款转手证券的发展情况进行探讨。不同类型转手证券的差别主要体现在信用担保上。如果担保人是美国联邦政府，抵押贷款转手证券就被称做 GNMAs；如果担保人是联邦政府资助企业，转手证券则被称为 FHLMCs 或 FNMAs。上述证券统称为机构担保证券（agency guaranteed security）。如果转手证券采用的是自我信用增级模式，则被称为非机构担保证券（non-agency guaranteed security，或 private label security）。

Ginnie Mae 抵押贷款转手证券

抵押贷款转手证券由抵押贷款机构于 1970 年最先发行。抵押贷款机构主要在新发放的 FHA 或 VA 担保贷款的基础上发行证券，其基础资产的现金流已经获得联邦政府机构的保险或担保。除此之外，转手证券的信用等级还会通过政府国民抵押协会（GNMA，通常被称做 Ginnie Mae）的担保进一步提升。Ginnie Mae 由国会根据《1968 年住房与城市发展法案》（Housing and Urban Development Act of 1968）设立，是一家完全由美国政府拥有的企业。根据该法案还设立了住房与城市发展局（Department of Housing and Urban Development，HUD），Ginnie Mae 是住房与城市发展局的一部分。由 Ginnie Mae 担保的转手证券通常被称为 Ginnie Maes，也被简称为 GNMAs。（接下来，用 Ginnie Mae 表示机构的名称，其担保的转手证券则用 GNMAs 表示。后面会提到 GNMA 分 GNMA^{2} 型和 GNMA Ⅱ 型，这里所说的即 GNMA^{2} 型，这是最早也是迄今为止最为发达的GNMAs。）

在 GNMAs 的发展初期，其发行规模按现在的标准衡量非常有限，年发行额从未超过 100 亿美元，如图 4—1 所示。截至 20 世纪 70 年代后半期，因为婴儿潮人群开始进入购房年龄，极大地刺激了房屋需求，贷款需求因此显著增加，带动 GNMAs 的发行规模迅速上升。1976 年，GNMAs 的发行

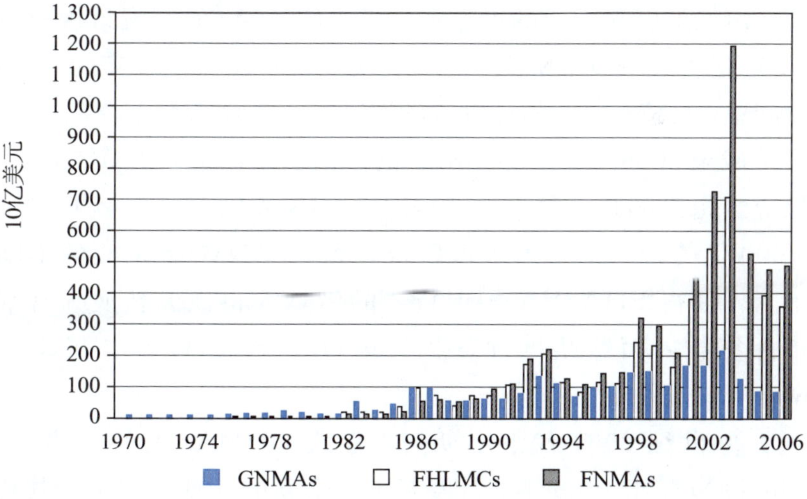

图 4—1　GNMAs，FHLMCs 和 FNMAs 的年发行额，1970—2006 年

资料来源：Inside MBS & ABS.

额上升至 140 亿美元，规模是上一年的 2 倍。到了 1983 年，GNMAs 的年发行额已增长至 510 亿美元。1986—1987 年，由于房地产交易活跃，加上贷款利率急剧下降引发的再融资（refinancing）需求，将 GNMAs 的年发行规模推升至将近 1 000亿美元。

1988—1992 年，由于房地产交易下降以及再融资需求萎缩，使得 GNMAs 的年发行额下降到了每年 600 亿～800 亿美元的水平。但到了 1993 年，一波前所未有的降息引发了再融资潮并刺激房地产市场复苏，GNMAs 的年发行额重新又增至将近 1 400 亿美元。1994—1995 年，再融资规模减小，GNMAs 的年发行额分别回落至 1 100 亿美元和 700 亿美元。

1996 年之后，利率基本又处于下降趋势。10 年期国债收益率由 1995 年初的 8%左右下降到 2003 年末的不到 4%。在此期间，GNMAs 的年发行额由 1996 年的 1 000 亿美元逐步上升到 2003 年的 2 200 亿美元。2004—2006 年，由于利率长期处于历史较低水平，能够再融资的贷款大部分都进行过再融资了，市场上已无太多的再融资需求，GNMAs 的年发行规模由 1 260 亿美元一直下降到了 850 亿美元。1976—2006 年的 30 年时间里，GNMAs 的累计发行额超过了 2.5 万亿美元。

截至 2006 年底，GNMAs 的未清偿余额近 4 200 亿美元。但应当指出的是，早在 2000 年底，GNMAs 的余额就超过了 6 000 亿美元。正是由于再融资导致了 GNMAs 余额的不断下降，使得 FHA/VA 担保贷款的借款人将债务替换为常规抵押贷款，而这些抵押贷款又通过 Fannie Mae 或 Freddie Mac 予以证券化。

20 世纪 80 年代上半期，为促进 GNMAs 的快速增长，Ginnie Mae 于 1983 年 7 月发起了一个新的计划，以增加其转手证券的吸引力。该计划被称做 GNMA Ⅱ，以与被称做 GNMA Ⅰ 的传统计划相区别。不过 GNMA Ⅱ 没有产生什么大的市场影响力。表4—1列出了GNMA Ⅰ的主要特点。表4—2列出了GNMA Ⅰ和GNMA Ⅱ的不同之处。今天，大部分GNMAs仍属于GNMA Ⅰ计划。这些证券主要由30年或15年期单户固定利率住房抵押贷款和年调整浮动利率抵押贷款支持。少数GNMAs由30年期固定利率渐进偿还式抵押贷款、15年期移动型房屋贷款（15-year mobile-home loan）以及多户建筑和永久型融资贷款（multifamily construction and permanent financing）作支持。

表4—1　　　　机构担保转手证券的主要特点

证券类型	GNMA I型转手证券	Freddie Mac Gold PCs	Fannie Mae MBSs
发行人	Ginnie Mae认可的出售人/服务人	Freddie Mac	Fannie Mae
贷款类型	新发放的FHA/VA/FmHA担保贷款	常规抵押贷款和FHA/VA担保贷款	常规抵押贷款和FHA/VA担保贷款
担保人	Ginnie Mae	Freddie Mac	Fannie Mae
担保事项	及时偿还全部本金及利息	及时偿还预定按揭的本金和利息	及时偿还全部本金和利息
最低交割规模（对贷款人）	100万美元	通常情况：100万美元 小规模担保人：25万美元	通常情况：100万美元 其他情况：50万美元 FNMA Major：25万美元
资产池规模（对投资者）		通常情况：100万美元 大额：2.5亿美元或更多	通常情况：100万美元 大额：2.5亿美元或更多
贷款利率差距	所有贷款利率相同	担保人：0～250个基点 现金：50～100个基点	0～250个基点
担保费	6个基点	根据风险大小进行调整，通常在20～30个基点	根据风险大小进行调整，通常在20～30个基点
服务费	44个基点	30～35个基点	30～35个基点
最低投资	最低25 000美元；增加金额以1美元为单位	最低25 000美元；增加金额以1美元为单位	最低25 000美元；增加金额以1美元为单位
付款交割	Participants Trust Corporation的成员采用簿记系统；其他采用实物交付	联邦储备银行簿记系统	联邦储备银行簿记系统
支付日（固定延迟偿付期）	登记日下一个月的15日及其后每个月（44天）	登记日下一个月的15日及其后每个月（44天）	登记日下一个月的25日及其后每个月（54天）
系数确定日	第5个工作日	第1个工作日	第5个工作日
抵押借款	可以作为抵押从美联储获得贷款	可以作为抵押从美联储获得贷款	可以作为抵押从美联储获得贷款

资料来源：Ginnie Mae，Freddie Mac和Fannie Mae.

表 4—2　　GNMA Ⅰ 与 GNMA Ⅱ 的对比

特点	GNMA Ⅰ	GNMA Ⅱ
主要的基础资产	FHA/VA/FmHA 担保贷款	FHA/VA/FmHA 担保贷款
基础资产的账龄	不超过 12 个月	不超过 12 个月
发行人	单个贷款人	多个贷款人
资产池最低限额	100 万美元	大型资产池，每个贷款人 25 万美元的份额
基础资产的利率差距	所有利率必须相等	波动幅度不得高出资产池中最低利率 100 个基点
贷款利率与票面利率之差	50 个基点	50～150 个基点
支付方式	每个资产池每月支付一次	一个集中偿付机构的所有资产池每月支付一次
支付日	每月 15 日	每月 20 日
支付延期期限	44 天	49 天

资料来源：Ginnie Mae.

概念与术语

抵押贷款转手证券有一套独有的概念和术语。下面以根据 GNMA Ⅰ 发行的 GNMAs 为例予以解释。

发行人。GNMAs 的发行人是抵押贷款的贷款人，并不是 GNMA 机构本身。最常见的贷款人是抵押贷款机构。也有少数发行人是储贷机构（储贷协会或共同储蓄银行）或商业银行。

担保人（guarantor）。Ginnie Mae 对 GNMAs 本金和利

息的按时偿付予以担保。这种担保同时又受美国政府的全额信用支持。因此，GNMAs 具有双重政府担保，其信用等同于美国国债的信用等级。

出售人/服务人（seller/servicer）。转手证券的发行人是证券基础资产的出售人。发行人通常也是抵押贷款的服务人。服务人的作用包括从抵押贷款借款人处收取每月还款，并将此现金流转付给投资者、监控基础资产剩余的本金余额，以及当出现延迟还款或抵押品罚没时，预先向投资者支付还款以及其他职能。

基础抵押贷款的一致性（uniformity of underlying mortgages）。GNMAs 由一个新发放 FHA 和 VA 的担保贷款资产池做支持。在极少数情况中，资产池也包括 RHS 担保贷款，这种贷款的份额不到资产池的 0.5%。资产池中所有贷款的账龄不得超过 12 个月。它们的期限大致相同，利率完全一致。

信用增级。虽然支持 GNMAs 的基础资产是受联邦政府保险或担保的抵押贷款，但该证券最终的信用担保来自 GNMA 及美国联邦政府。在 GNMAs 的发展初期，信用增级极大地提高了投资者对该证券的接受程度。

发行日（issue date）和到期日（maturity date）。发行日是指转手证券的实际发行日期；到期日则指转手证券资产池中最后一笔抵押贷款的到期日。

系数确定日（factor date）。由于基础抵押贷款随着提前还款逐渐摊还，资产池的余额会逐渐减少。因此，在每个月的第五个工作日——系数确定日，GNMA 会公布截至上月底每个资产池的剩余金额占初始金额的比重。该比率被称做系数（factor）。例如，某个抵押贷款资产池在 2006 年 9 月的系数为 0.812 572 51，表示在 2006 年 8 月底，该资产池余额为初始金额的 81.257 251%。

登记日（record date）和支付日（payment date）。登记日确定哪些投资者有资格获得下一期抵押贷款转手证券的本金和利息；实际的支付日期则为支付日，通常在当月的15日。

结算日（settlement date）。抵押贷款转手证券的买卖双方需确定一个清算日期，用于交割证券及支付对价。

加权平均利率（weighted average coupon，WAC）。加权平均利率指资产池中的抵押贷款以初始金额为权重的加权平均利率。但在常规 GNMAs 中，基础抵押贷款利率是相同的，因此，加权平均利率就是抵押贷款利率。（但根据 GNMA Ⅱ计划发行的抵押贷款，利率会出现变化。）

加权平均期限（weighted average maturity，WAM）。加权平均期限是指基础抵押贷款以抵押贷款余额为权重的加权平均剩余期限。需要指出的是，WAC 和 WAM 是转手证券中最重要的两个概念，对一只转手证券的特点和表现起着最主要的决定作用。

担保费（guarantee fee）和服务费（servicing fee）。由于 Ginnie Mae 为转手证券提供了信用担保，因此，每年会从抵押贷款资产池余额中收取 6 个基点的担保费。作为对基础资产池提供服务的补偿，基础资产出售方/服务人会从资产池余额中收取 44 个基点的服务费。

转手证券票面利率（pass-through coupon rate）。对于 GNMAs 的投资者来说，转手证券票面利率等于加权平均利率减去担保费和服务费。例如，如果某 GNMAs 的加权平均利率为 8%，转手证券票面利率就是 7.5%。

首次支付延迟期限（delay of first payment）。所有抵押贷款每月的利息和本金都是延后偿付（payment in arrears）。贷款人在收取第一个月的还款时有一个标准的 30 天延迟支付期（30-day standard payment delay）。对转手证券而言，由于服务人需集中每月的贷款还款金额并向投资者进行支付，所以还会有一段额外的延迟期限。常规 GNMAs 实际的延迟支付期限（actual payment delay）为 14 天。因此，在 GNMA Ⅰ计划下发行的 GNMAs 从发行日到首次支付日之间的明文规定的支付延迟期限（stated payment delay）为 44 天（30 天加 14 天）。

Freddie Mac 连带损益证券

还有两类主要的转手证券——Freddie Mac Gold PC 和 Fannie Mae MBS，分别根据各自的担保机构命名。这两家机构分别是联邦住宅抵押贷款公司（Federal Home Loan Mortgage Corporation，现被称做 Freddie Mac）和联邦国民抵押协会（Federal National Mortgage Association，现被称做 Fannie Mae）。（同样，在本书中 Freddie Mac 和Fannie Mae 指机构，FHLMCs 和 FNMAs 指分别由各自机构担保的证券。）

Freddie Mac 由国会根据《1970 年紧急住房融资法案》第 3 篇（Title Ⅲ of the Emergency Home Finance Act of 1970）——《联邦住宅贷款抵押公司法案》(Federal Home Loan Mortgage Corporation Act）于 1970 年设立。作为一个联邦注册公司，Freddie Mac 最初由联邦住房贷款银行拥有。将近 20 年之后，《1989 年金融机构改革、恢复及促进法案》(Financial Institutions Reform，Recovery，and Enhancement Act of 1989，FIRREA）将 Freddie Mac 转换成一家私人股权公司。作为一家政府资助企业，Freddie Mac 接受联邦政府监管。实际上，有三家联邦政府机构对 Freddie Mac 负有监管职责：联邦住房企业监察办公室（Office of Federal Housing Enterprise Oversight，OFHEO）监管其财务安全和稳定

性；住房与城市发展局监管其住房业务开展情况；财政部负责批准其发行无担保债务和新的抵押贷款证券。

国会赋予 Freddie Mac 的一个主要职责是，稳定住房抵押贷款二级市场，并为之提供流动性。为履行该职责，Freddie Mac 以现金计划（Cash Program）从贷款人处（主要是储贷协会，亦属联邦住房贷款银行的成员）购入常规抵押贷款。为获得购买资金，Freddie Mac 同时发行由其自身担保的转手证券——连带损益证券。早期，贷款人在 Freddie Mac 担保的转手证券（也就是 PCs）中拥有完整的连带权益。但经过几次改革后，贷款人不再对该证券拥有任何连带权益。

PCs 最早于 1971 年发行，它经历了与 GNMAs 相同的经历，其发行规模在 20 世纪 70 年代早期也很有限。直到 1981 年 8 月 Freddie Mac 发起担保人计划（Guarantor Program），PCs 才有了快速发展。该计划旨在帮助储贷协会重组并提高其贷款组合的流动性和可售卖性。根据该计划，储贷协会将持有的抵押贷款替换为由相同贷款支持的 PCs。该计划迅速获得了成功。1982 年，PCs 的年发行额高达 240 亿美元。虽然该计划的初衷是为了对储贷机构提供帮助，但它迅速发展演化，并对所有贷款人发放常规抵押贷款起到了促进作用。

20 世纪 80 年代和 90 年代上半期，PCs 的年发行额与 GNMAs 的波动状况一致，如图 4—1 所示。其规模分别于 1986 年和 1993 年首次达到 1 000 亿美元和 2 000 亿美元。出于和 GNMAs 同样的原因，PCs 的发行规模在随后 10 年中有涨有跌。但 PCs 的规模一直远远大于 GNMAs。1995 年，PCs 的发行额为 2 500 亿美元；2001 年为 3 500 亿美元；2002 年高达 5 500 亿美元；2003 年突破 7 000 亿美元。和 GNMAs 一样，2004—2006 年，PCs 的年发行额下降至 2 000 亿～3 000亿美元。到 2006 年底，PCs 的全部累计发行额超过了 4.8 万亿美元，未清偿余额为 1.45 万亿美元。

许多单户住房抵押贷款如今被打包用于发行 PCs。其中包括 30 年期、20 年期和 15 年期固定利率抵押贷款；7 年和 5 年期气球型抵押贷款和各种浮动利率抵押贷款。更重要的是，Freddie Mac 在 1990 年将 PCs 的固定偿付延迟期限由 74 天缩短至 44 天（付款提前了 10 天，在当月 15 日进行）。新的 44 天的转手证券被称做金 PC 证券（Gold PCs）。对 FHLMC Gold PCs 的详细描述见表 4—1。

作为政府资助企业，Freddie Mac 的担保并没有得到美国政府的全面信用保证。但 Freddie Mac 的长期债务获得了顶级信用评级机构的 AAA 评级。基于其企业性质和最高等级的评级，投资者将 PCs 的信用视做等同甚至高于 AAA 级。

Fannie Mae 抵押贷款支持证券

Fannie Mae 由国会根据《1938 年国民住房法案》（National Housing Act of 1938）设立，最初是一家联邦政府全资公司。国会赋予 Fannie Mae 的职责是，为住房抵押贷款二级市场提供流动性。该公司从资本市场上融资，用于购买抵押贷款机构发放的 FHA/VA 抵押贷款。1954 年，Fannie Mae 根据《联邦抵押贷款协会章程法案》（Federal National Mortgage Association Charter Act）被重组为一家拥有部分私人投资者的混合股权公司。Fannie Mae 根据《1968 年住房与城市发展法案》进一步被分成两家公司：一家就是 Ginnie Mae，隶属于住房与城市发展局；另一家仍叫做 Fannie Mae，变成了一家私人拥有的公司。Fannie Mae 也是一家政府资助企业，与 Freddie Mac 适用同样的联邦监管法规。Fannie Mae 也获得了评级机构的最高评级。投资者通常认为，Fannie Mae 担保和 Freddie Mac 担保拥有同样的信用水平。

尽管 Fannie Mae 为住房抵押贷款二级市场提供流动性有很长的历史，但直到 1981 年才开始为抵押贷款转手证券提供担保。在此之前，Fannie Mae 主要通过借债购买抵押贷款的方式为抵押贷款市场提供支持。因为这个原因，Fannie Mae 的总资产一直远远大于 Freddie Mac。例如，Fannie Mae 在 1981 年底的总资产为 620 亿美元。相比之下，Freddie Mac 的资产规模只有 60 亿美元。在随后的 20 年中，由于两家机构的抵押贷款融资和房地产活动都变得异常活跃，Fannie Mae 的资产规模不再是 Freddie Mac 的 10 倍之多。Fannie Mae 的总资产为 1.1 万亿美元；Freddie Mac 为 8 030 亿美元。

1981 年 12 月，Fannie Mae 启动 FNMA MBS 计划对储贷机构提供支持，进入抵押贷款支持证券市场。从本质上讲，该计划的结构与 Freddie Mac 担保计划类似：储贷机构将抵押贷款出售给 Fannie Mae，作为交换获得由该批贷款支持、由 Fannie Mae 担保的转手证券，该证券通常被称做 FNMAs。MBS 计划还作了一些结构上的变动，以推动发放各种类型的抵押贷款。现在，支持 FNMAs 的主要是各类新发放的常规抵押贷款，如表 4—1 所示。其中包括 30 年、20 年和 15 年期固定利率抵押贷款，7 年期气球型抵押贷款（FNMAs 不包括 5 年期气球型抵押贷款）和各种浮动利率抵押贷款。

在整个 20 世纪 80 年代，FNMAs 的年发行额几乎总是少于 FHLMCs。进入 90 年代后这种情况颠倒了过来。1990 年，FNMAs 的发行额将近 1 000 亿美元，超过 FHLMCs200 多亿美元；1993 年 FNMAs 的发行额创纪录地达到 2 200 亿美元；1998 年又首次突破 3 000 亿美元；2001 年，FNMAs 的发行额达到 4 500 亿美元，比 FHLMCs 多出 1 000 亿美元左右；到了 2002 年和 2003 年，FNMAs 创造了新的纪录，其发行额分别达到7 300亿美元和 1.2 万亿美元；2004—2006 年，FNMAs 和另外两类证券一样，年发行额下降到 500 亿美元左右。虽然 Fannie Mae 比 Ginnie Mae 和 Freddie Mac 晚进入市场 11 年，但到 2006 年底，FNMAs 的总发行额达到 6.2 万亿美元。比 GNMAs 和 FHLMCs 分别多出 3.7 万亿美元和 1.4 万亿美元。FNMAs 的未清偿余额为 2 万亿美元。

非机构担保转手证券

打包进入 FHLMC Gold PCs 或 FNMA MBSs 证券资产池的抵押贷款需要满足两家担保机构——FNMA 和 FHLMC——设定的具体要求。抵押贷款是否合格的一个重要条件是其初始规模。目前对于单户住房抵押贷款而言，合格的限额为 33.7 万美元。超过这一限额的贷款不能用于支持机构担保转手证券。不过贷款人仍然可以打包非合格或大额抵押贷款（jumbo or non-conforming loan）用于发放非机构担保（private-label）转手证券（简称非机构转手证券（non-agency pass-throughs），以区别于上述的机构转手证券）。

非机构转手证券最初由美洲银行（Bank of America）1977 年首次发行。在其后的近 20 年中，总共发行了超过 4 000亿美元的非机构转手证券。截至 2006 年底，该证券的余额达到 1.75 万亿美元。在后面会讨论到，非机构转手证券很少是单一到期档次（single-maturity class）的。它们几乎总是以 REMICs 的形式出现，并有多档到期期限。近年来，非机构转手证券的重要性日益凸显，我们将在后面的章节中对其作详细讨论。

定价与交易

机构担保固定利率抵押贷款转手证券（以下简称“转手证券”）市场已经发展成熟。与国债一样，转手证券在纽约、伦敦和东京进行着 24 小时交易。华尔街的交易员和经纪人不停地买入和卖出（做市）数十亿美元的转手证券。

TBA 交易

转手证券的交易方式有两种，一种方式是，细节待确定的交易（to-be-announced，TBA），即敲定部分细节，其他细节留待以后确定；另一种方式是，事先敲定所有交易细节。对于新发行的转手证券，由于出售人（抵押贷款发放人）无法在交易时点确定基础资产池的准确细节，所以，进行 TBA 交易非常必要。例如，由于抵押贷款利率不停地在发生变化，出售人无法掌控有多少原本打算发放的贷款最终能够发放出去。但出售人能够确定当前票面收益率（current coupon）和证券类型——是 GNMAs，FNMAs 还是 FHLMCs。如果当前的市场状况是，30 年期固定利率抵押贷款利率为 6%左右，那么以这些贷款为基础资产的 RMBS 的票面利率则通常为 5.5%，这是因为要从贷款利息中扣除相应的服务费和信用担保费。基于这些要素，新发行的转手证券能够以一个符合市场情况的价格进行交易。2006 年底，即将出售的当前票面收益率转手证券的价格通常略低于面值（par value），也就是在 99-24/32 与 99-31/32 之间。它的收益率是 10 年期国债利率加上 90～100个基点。

远期清算

由于贷款发放是一个非常耗时的过程，新的转手证券的 TBA 交易只能进行远期清算（forward settlement）。远期清算至少在交易完成一个月以后进行，最长是 4 个月。远期清算日期根据债券市场协会（Bond Market Association）发布的日历予以确定。该日历覆盖半年的时段，每季度发布一次。出售人至少要比清算日提前 48 小时向购买人提供资产池的具体细节信息。在出售人不能提供转手证券销售的准确初始金额的情况下，每 100 万美元初始金额最多可以分为三个独立的资产池，各资产池之间的差异不超过±1%。符合这些条件的即被称为合格交割（good delivery）。

确定式交易

对于已有的转手证券，根据其 CUSIP 证券代码即可很容易地确认资产池信息，这些证券以确定的方式进行交易。对于此类交易，出售人对收益率、初始面值和加权平均期限均予以明确。交易通常在新的资产池信息发布以后进行清算。不过，此类交易也可以在同一天进行清算，或者按照国债（一个工作日）或企业债（三个工作日）的方式清算。确定式交易（specified trade）无须遵循合格交割的标准。买卖双方可就资产池规模差异进行协商。资产池差异幅度可以超过 1%或没有差异。

买卖价差

假定市场状况不变，证券买价（出价（bid））和卖价

（要价（offer））之间的差额即反映了其流动性的强弱。显然这是一个对流动性的狭义定义。从广义上说，一只证券只有其价格不受市场状况影响时，才具备了真正的流动性。固定收益证券（fixed-income security）的价格以相对于证券面值的方式表示，比如标价为98，表示市场价格是证券面值的98%，这时的实际收益率大于票面收益率，证券属于折价（discount）交易。反之，如果标价为102，表示市场价格是证券面值的102%，实际收益率小于票面收益率，证券则属于溢价（premium）交易。如果票面收益率和实际收益率相等，证券按照面值交易，标价则为100，是证券面值的100%。证券价格变动的最小单位是一个百分点的1/32，叫做1个最小变动单位（tick）。

从狭义上说，转手证券属于具备流动性的证券。新发行的转手证券的买卖价差（bid-offer price spread）只有一个最小变动单位。如此小的价差只出现在整手（round lot）的证券交易中，即最少100万美元本金。对于本金少于100万美元的零手（odd lot）证券，买卖价差会明显大于1个最小变动单位。对于高折价证券（deep discount coupon），如30年期、4%的票面收益率，买卖价差有可能达到2个最小变动单位。对于高溢价证券（high premium coupon），如30年期、7%的票面收益率或更高，价差甚至会达到3个最小变动单位。对于气球型转手证券，价差通常为2个最小变动单位。

期权调整分析

我们曾提及，当前票面收益率转手证券的价格是10年期国债利率加上90～100个基点。乍看起来，这种收益率差非常吸引人，因为机构担保RMBS的信用非常接近国债（尤其是GNMAs，它有着与国债相同的信用等级）。但这个非常吸引人的收益率差是一种误解。它是基于一个在未来市场利率环境不变而提前偿还率固定情况下的特别假设。因为当市场利率环境发生变化的时候，RMBS 的提前偿还情况会出现重大变动，其产生的相应的现金流也会发生较大变化，这90～100 个基点的收益率差包含了对这部分提前偿还风险的补偿。

为考虑进这种提前偿还风险因素，我们通常会对 RMBS 进行期权调整分析（option adjusted analysis）。这种分析通过考虑各种利率变动和相应的提前偿还情形，给特定的转手证券得出一个期权调整利差（option adjusted spread，OAS）（基于这种利差得出的久期和凸性分别为期权调整久期（option adjusted duration）和期权调整凸性（option adjusted convexity））。OAS 要大大低于 90～110 个基点，有时甚至是负值，OAS 与这 90～110 个基点之间的差额可以视做对这种提前偿还风险的补偿。由于考虑了各种情形，期权调整分析对转手证券的评价更为客观。期权调整分析包含利率模拟和每种利率情况下的提前偿还预测两部分，这里不作进一步的讨论。

第 5 章
多档抵押贷款转手证券

多档转手证券的投资需求

抵押贷款担保债券

房地产抵押贷款投资融通信托

REMIC 证券的类型

REMIC 证券市场的发展、崩溃和复苏

定价与交易

抵押贷款转手证券是 20 世纪 80 年代资本市场产品创新的一个成功典范。其发行规模在 80 年代迅速扩张。但该证券也有不受人欢迎的一面——存在提前偿还风险（prepayment risk）。这使得许多潜在的投资者对其望而却步，限制了此类证券的进一步发展。

本章先对抵押贷款转手证券中蕴涵的提前偿还风险进行解释，然后讨论资本市场是如何解决这一风险的，接下来介绍为解决这一风险应运而生的多档抵押贷款转手证券（multiclass mortgage pass through，以下简称“多档证券”）以及该证券在发展过程中出现的崩溃与复苏。本章介绍的多档证券属于机构担保证券。第 6 章将介绍非机构担保多档抵押贷款转手证券。在多档证券发展初期，绝大部分都属于机构担保证券，非机构担保证券直到 20 世纪 90 年代下半期才开始获得投资者的青睐。

抵押贷款属于长期负债，借款人可能选择在贷款原定到期日之前就还清全部债务。提前偿还（prepayment）指的就是这种抵押贷款在到期前就被全部清偿的情况。抵押贷款几乎都允许借款人提前偿还而不收取任何罚金。也就是说，借款人在提前偿还时只需付清贷款的本金余额即可解除债务。由于摊还的原因，即使基础抵押贷款池中没有出现提前偿还的情况，抵押贷款转手证券的本金余额也会随着时间推移不断减少。但由于绝大部分借款人都会由于各种不同的原因提前还清贷款，所以抵押贷款转手证券的本金余额减少速率要快于预定的摊还速率。因此，只有对证券余额超出预定摊还额的部分进行偿还，才被定义为提前偿还。超额部分偿还的速率用提前偿还率来衡量。提前偿还率是抵押贷款转手证券独有的概念，在抵押贷款转手证券的定价及收益率的考量上，提前偿还率是一个十分重要的决定因素。（我们在第 6 章的附录中将解释提前偿还和提前偿还率的计算方法。）

在利率下降的环境中，借款人通过借新的低利率贷款偿还旧的高利率贷款，即可享受到较低利率的贷款，从而降低每个月的还本付息额。这种做法被称做再融资。再融资是提前偿还的一个重要诱因。此外，在利率下降时期，房屋买卖通常会变得更加活跃，房主会卖掉现有房屋，购买更大更好的房子。这种房屋的更新换代也会引发提前偿还贷款。所以，在利率下降的环境中，提前偿还现象会显著增加，转手证券的提前偿还率也会变得非常高。相反，当利率上升时，再融资的需求会减少，房屋交易量会下滑，与出售二手房相关的提前偿还情况也会大幅减少。因此，利率上升环境下的提前偿还率会明显降低。

多档转手证券的投资需求

住房抵押贷款1970年被首次用于打包发行抵押贷款转手证券，当时该证券采取了单档的形式。从会计和税收的角度看，发行转手证券等同于直接出售基础抵押贷款，转手证券的投资者按比例获取基础资产池每月产生的现金流。为避免对证券发行机构（SPV）征税，转手证券以授予人信托的结构发行。该信托结构的特点在于，服务人（通常是发行人）只能对现金流进行被动管理，即直接将基础贷款借款人每月偿还的本金和利息（减去服务费）转付给投资者，不对现金流进行任何中间投资和重新分配（allocation of interim cash flow）。该信托结构禁止发行人对基础资产的现金流进行主动管理。转手证券的现金流因此在法律上被确定下来，并有一个固定的最终到期日。

尽管转手证券在10年内的发行额就超过了1 000亿美元，但它存在着与生俱来的缺陷。首先，抵押贷款预定的30年期限对许多投资者而言太过漫长。更糟糕的是，提前偿还使得它的实际期限和平均寿命变得很不确定。这种提前偿还风险使得抵押贷款转手证券失去了对许多潜在投资者的吸引力。

我们曾提到过，借款人倾向于在利率降低时通过再融资来提前偿还。但在这种环境中，投资者恰恰不想过快地收回投资资金，尤其不想按面值收回，因为资金收回后只能以较低的市场利率进行再投资。相反，当市场利率上升时，投资者希望能够快速收回资金，以重新投资于收益率更高的产品。但这种情况不大可能发生。当利率上升时，首先不会有人通过再融资进行提前偿还；其次，住房交易市场不可避免地会走低，这些因素都会使得购房者保持现状，继续持有低利率的贷款。

如果允许转手证券发行人对贷款现金流进行主动管理，这些诸如期限长、现金流不稳定的缺点就可以得到有效解决。发行人通过主动管理，能够把现金流分为不同的期限档次，并以这些现金流作为支持，发行不同期限的证券。采取这种方式，发行人能够将提前偿还的现金流（也即提前偿还的不确定性）在这些档次中进行重新分配。提前偿还的基础抵押贷款将先用于偿还期限档次较短的证券。如果这一档次的证券被偿还完毕，则进一步偿还较长期限档次的证券。

更重要的是，发行人一旦能够对现金流进行主动管理，就能够根据不同档次现金流的预期平均寿命和期限对其分别定价，发行不同收益率的抵押贷款支持证券。单一期限的转手证券只有一个收益率，处于国债收益率曲线最右端（30 年期限）。而现金流被划分成不同期限后，可以按照国债收益率曲线的形状确定出不同的收益率水平。国债收益率曲线通常保持正斜率（positive slope），也就是证券的期限越短，收益率越低。因此在不同期限档次的现金流中，短期现金流支持的证券，其证券收益率较低，价格较高。通过对基础资产的现金流进行分档定价，多档转手证券事实上提升了基础抵押贷款的价值。

抵押贷款担保债券

尽管市场对多档抵押贷款转手证券有强烈的需求，但授予人信托结构在法律和会计方面的局限制约了其发展。为避开这些限制，发行人会将转手证券进行组合作为担保（assembling pass-throughs as collateral），并将其现金流分档（segmenting cash flow），发行抵押贷款担保债券（collateralized mortgage obligation，CMO），以满足投资者对证券期限的不同需求。顾名思义，CMO 是发行人的一项债务，而非资产出售。这样证券就可以采用多档结构的形式，发行人也能够对基础担保资产的现金流进行主动管理。

Freddie Mac 于 1983 年 5 月发行了首只 10 亿美元的 CMO。该产品的期限按照顺序被分为三个档次，每个档次的加权平均寿命分别为 3.2 年（A-1 级）、8.6 年（A-2 级）和 20.4 年（A-3 级）。该产品每半年支付一次债券的利息和本金。按照计划，A-1 级债券偿还完毕之后才会开始偿还 A-2 级债券的本金，A-2 级债券偿还完毕之后才会开始偿还 A-3 级债券。这种期限分档结构的证券被称为序列型证券（sequential-pay securities）。在该 CMO 的定价日，3 年、7 年和 20 年国债收益率分别在 10.3%、10.6%和 10.9%左右。上述三个档次证券的收益率分别比相应期限的国债收益率高出 33、53 和 90 个基点。期限档次较短的债券不仅在定价时会参照低收益率的短期基准国债，而且与国债收益率之间的收益率差较小。

需要指出的是，平均期限的概念对于抵押贷款支持证券非常重要。抵押贷款有两个特点：一是采取摊还的还款模式；二是可以被提前偿还。因此，与通常的国债和企业债在到期时偿还全部本金不同，转手证券在到期前其本金余额会因为摊还而不断减少，此外，还有相当一部分本金会被提前偿还。由于本金是被陆续偿还的，所以期限的概念在这里不是很有意义。通常使用平均寿命的概念来衡量抵押贷款转手证券本金的存续时间。

转手证券的平均寿命是指，以本金金额为权重，本金存续时间的平均值。例如，假设某只转手证券的初始本金为 100 美元，最终到期日为 10 年。再假设该证券的偿还情况如下：每年偿还 5 美元的本金，最终在第 10 年还有 55 美元本金的时候提前偿还完毕并到期。该证券的预期平均寿命则为 7.75 年。计算方法是：将各年偿还金额与当年年数之积进行加总，然后除以初始本金总额。即：

$$[1(\text{第 1 年})\times5+2(\text{第 2 年})\times5+3(\text{第 3 年})\times5+\cdots+10(\text{第 10 年})\times55]/100=7.75\ \text{年}$$

CMO 立刻获得了成功，并对抵押贷款支持证券产生了革命性的影响。在其出现后仅仅三年多的 1986 年，CMO 的总发行额就达到了 500 亿美元。事实证明，它们在满足投资者不同的期限需求方面远胜于单一档转手证券。CMO 的发行人陆续拓展至抵押贷款机构、储贷机构、房屋建造商（home-builder）、证券经纪人（securities dealer），甚至包括银行和保险公司（不过规模有限）。由于 CMO 的出现，抵押贷款转手证券的投资者群体大规模扩张。不仅银行和储贷机构等传统投资者大规模投资 CMO，一些非传统的投资者如人寿保险公司、养老基金和外国投资者也纷纷加入该产品的投资者行列。

房地产抵押贷款投资融通信托

虽然 CMO 很受投资者欢迎，但却对发行人带来了财务负担。由于 CMO 被看做发行人的债务，而非资产出售，其庞大的发行规模使得发行人的资产负债表迅速膨胀。发行人必须获得越来越多的资本金以支持这些 CMO。同时，随着房地产市场从 20 世纪 80 年代的不景气中逐渐复苏，出现了对抵押贷款前所未有的强劲需求。资本市场为了继续满足对抵押贷款的巨大需求，必须发放新的CMO。因此，市场各方参与者有强烈的动力说服国会对授予人信托的结构进行修改，允许多档抵押贷款证券以转手证券的形式发行。

CMO问世三年后，国会终于同意作出上述修改。《1986年税收改革法案》允许发行多档转手证券。根据该法案产生了房地产抵押贷款投资融通信托（Real Estate Mortgage Investment Conduit，REMIC），联邦税务部门认可其为非应税信托。通过选择REMIC的身份，发行人可以按照授予人信托的方式来发行多档抵押贷款支持证券，并对基础抵押贷款的现金流进行主动管理，而不必担心会增加额外的税收。

有关REMIC的立法进一步推动了住房抵押贷款资产证券化的发展。这是CMO出现后顺理成章的事情。REMIC证券的发行规模迅速增长，说明其非常成功。1987年，该法案颁布一年后，机构担保的REMIC证券发行额接近600亿美元，如图5—1所示。1988年，REMIC证券年发行额跃至800亿

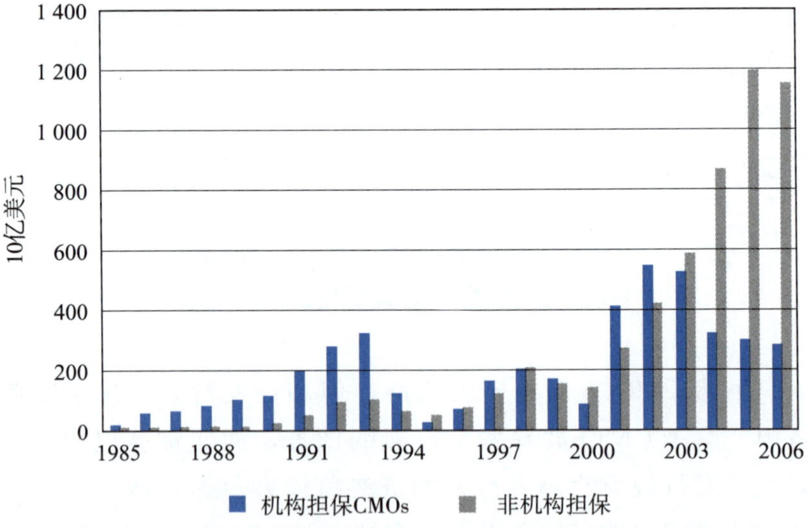

图5—1　机构担保和非机构CMOs的年发行额，1985—2006年

资料来源：Inside MBS & ABS.

美元，1990 年超过 1 100 亿美元。到 1993 年，机构担保REMIC证券的发行额超过 3 200 亿美元。（从结构方面看，CMO 和 REMIC证券没有明显的区别。尽管 CMO 于 1987 年停止发行，习惯上 REMIC 证券也会被称为CMO 证券。本书中所说的REMIC证券即指在授予人信托结构下发行的多档转手证券。）

REMIC 证券的蓬勃发展却在 1994 年 4 月戛然而止，这背后有一系列原因，我们将在后面的章节中详细介绍。随后的两年里，REMIC 证券的发行额平均每月只有 26 亿美元，还不到 1992—1993 年全盛时期每月发行规模的 10%。

REMIC 证券的类型

REMIC 证券问世后，不仅发行规模迅速扩张，类型也迅速多样化。在开始的时候，绝大多数 REMIC 证券采取了序列型结构，但很快就发展出许多创新的产品类型。事实上，在 CMO 出现后的三年里，多档转手证券的现金流结构就已经变得非常复杂和具有创新性。REMIC 法案仅仅提供了一个多档转手证券的法律结构。各种创新的证券类型包括计划摊还型证券（planned amortization class，PAC）和支持型证券（support class），浮动利率型证券（floater class）与反向浮动利率型证券（inverse floater class），纯利息型证券（interest-only class，IO）和纯本金型证券（principal-only class，PO），期限严格限定型债券（very accurately defined maturity bond，VADM），以及零息债券（zero coupon bond，Z-bond）。

计划摊还型证券

PAC 最早出现于 1986 年。PAC 的特点是，不论基础抵押资产的提前偿还情况如何，PAC 只收取事先确定的本金现金流额度。如果基础抵押资产的提前偿还规模上升，PAC 将只收取提前偿还本金中固定金额的部分。相反，如果提前偿还规模下降，PAC 能够先于其他档次的证券获得预定金额的现金流。这种设计使得 PAC 看起来很像是企业债，在平均寿命和到期日方面有很大的确定性。

需要强调的是，多档现金流结构仅仅是在不同期限档次的证券之间重新分配了基础抵押资产的提前偿还风险，它既无法消除也不能降低该风险。PAC 的提前偿还风险之所以被降低，完全是因为该风险通过结构设计被转移给了其他档次的证券。承受该提前偿还风险的证券被称为支持型证券。支持型证券的平均寿命变化非常大，因为它们是 PAC 提前偿还风险的减震器。

PAC 一开始就受到了投资者的热烈欢迎，尤其是保险公司，它们购买了大量的 PAC，因为它们需要那些投资期限比序列型证券更为稳定的抵押贷款支持证券。20 世纪 80 年后期，PAC 进行了改进，包括了Ⅰ级和Ⅱ级 PAC 证券（PAC Ⅰ和 PAC Ⅱ，前者对提前偿还风险的保障强于后者）；目标摊还型证券（targeted amortization class，TAC，有一定的提前偿还保障，仅防范平均寿命缩短的情况，对延长的情况没有保障）和期限严格限定型证券（该类型在 REMIC 中仅占一小部分，因为它以零息债券的应收利息严格按照计划对其本金进行偿还）。

浮动利率型证券

浮动利率型证券也于 1986 年问世。该产品最初绑定的是伦敦银行间同业拆借利率（LIBOR），主要用于满足那些拥有 LIBOR 浮动负债的商业银行和外国投资者的需求。在开始的时候，浮动型证券的发行没有搭配反向浮动型证券。（这种情况下，资产池的剩余部分利率也是浮动的。）不过，市场上很快就出现了包括反向浮动型证券在内的对称浮动型产品。浮动型证券所参照的指数也逐渐发展至金融机构资金成本指数、各种固定期限国债（constant-maturity treasuries）、大额存单（certificates of deposit，CD）收益率以及基准利率（prime rate）。给定抵押资产的票面利率，浮动型证券的利率波动需要能够被与之对称的反向浮动型证券所抵消。

纯利息型证券和纯本金型证券

虽然IO和PO的首次实际发行是在1986年，但拆分抵押贷款转手证券（stripping mortgage pass-through）的概念在20世纪80年代早期就出现了。拆分转手证券的想法来源于出售服务费现金流（servicing cash flow）。构成这部分现金流的是大约40～70个基点的基础抵押贷款利息。因为利息来源于本金，服务费现金流的价值很大程度上取决于抵押贷款未清偿余额的规模。该现金流对市场利率的变动非常敏感。在利率上升的环境中，抵押贷款提前偿还的速率会减缓，未清偿余额的存续时间更长，服务费现金流的价值会更高。相反，当利率下降的时候，快速的提前偿还会导致抵押贷款未清偿余额迅速减少，服务费现金流的价值因此也会降低。

IO的现金流及其价值与服务费现金流一样，与通常的固定收益证券相反。它的价值随着利率下跌而降低，随着利率提高而上升。它们是防范利率上升的理想的避险工具。它们与通常的固定收益证券相似，但PO的程度更甚。如果利率下降，提前偿还增多，其收益率将上升。这是因为PO的初始发行价格有很高的折扣。当抵押贷款被偿还完毕，PO是按照面值获得偿还，因此会获得甚为可观的收益。如果利率上升，提前偿还规模会降低，其收益率也会大幅度下滑。

零息债券

零息债券很早在其他类型的固定收益证券中就出现了，如国债和企业债。零息债券在债券期限内不付利息，在到期时获得经过再投资的累积利息以及初始本金。按照这种结构，利息在期中不进行支付，而是作为额外的本金进行再投资，并在到期时一并支付。因此，零息债券的发行价格会有很高的折扣，并在到期时按照面值偿还。零息债券的优点是：投资者无须担心对利息的再投资，利息的再投资收益率就等于债券的内含回报率，也就是债券收益率。

REMIC 证券市场的发展、崩溃和复苏

REMIC 证券市场的发展

REMIC 证券的快速增长得益于其产品类型的不断创新。REMIC 证券通过将现金流分割成不同的期限档次来解决抵押贷款的提前偿还风险问题。不过它无法降低抵押资产的整体风险程度，只是将风险在不同档次的证券间进行重新分配而已。某一档次证券的提前偿还风险降低完全是因为其他档次的证券风险上升的缘故。通过创立相应的支持型证券，原本由 PAC 证券承受的提前偿还风险就会转嫁给支持型证券，PAC 证券因此获得稳定的平均寿命。所以，PAC 证券的平均寿命越是稳定，支持型证券的平均寿命就越是不稳定。同样，浮动型证券息票的波动可以被反向浮动型证券所抵消。如果在一笔交易中浮动利率本金的规模一定，浮动型证券的

比例越高，反向浮动型证券的息票杠杆作用就越大。

如果PAC证券和浮动型证券在结构设计上过于极端（过于规避自身风险），就会直接导致与之对应的证券的提前偿还风险和利率风险上升。REMIC证券的结构在20世纪80年代后期和90年代初期变得越来越极端，不过积累起来的风险被这一时期稳步下降的利率所掩盖。虽然利率下降使抵押贷款证券的提前偿还风险日益突出，但投资者认为，各种REMIC证券不错的收益率完全能够起到补偿作用。对那些吸收提前偿还风险和利率风险的证券，投资者仍然非常满意其收益率。一切看起来都很好，没有任何问题。REMIC市场取得了其他固定收益证券难以企及的发展速度。1993年，机构担保和非机构担保的REMIC证券发行额分别达到了前所未有的3 250亿美元和1 000亿美元，这是1987年发行规模的6倍和9倍。

REMIC证券市场的崩溃

1992—1993年，PAC证券和浮动型证券的结构变得更加激进，其创新程度已经开始对REMIC市场产生危害。起对冲作用的证券的结构变得非常奇异，只有一小部分不顾风险、狂热追求这些奇异型衍生产品（exotic derivative）超高收益率的投资者才会购买。更糟糕的是，一些REMIC证券的结构也变得过分激进：其中不仅包含了数十个期限档次，而且有很多是奇异型支持型证券，如反向IO（从本质上说是反向浮动利率型证券的纯利息部分）、支持型反向浮动利率证券。这些证券只能吸引一小部分投资者。由于流动性受到限制，狂热的REMIC市场注定会崩溃。

1994年2月，美联储为控制通货膨胀开始提升利率。在不到3个月的时间里，利率的无情增长和市场波动幅度的快速扩大将奇异型 REMIC 证券迅速置于死地。由于预期平均寿命大幅度延长，证券价格下跌了将近 50%；反向浮动证券的票面利率跌至零；许多通过高债务杠杆方式大量买入这些证券的基金投资者因保证金追缴（margin call）而破产；经纪人因这些证券而遭受大量损失，开始拒绝为这些证券做市，以致奇异型 REMIC 证券的流动性迅速萎缩，价格直线下降。奇异型证券的崩溃波及整个 REMIC 市场。1994 年，机构担保 REMIC 证券的发行规模萎缩了 2/3，降至1 200亿美元左右；非机构担保 REMIC 证券减少了 1/3，降至 630 亿美元。第二年崩溃仍在继续蔓延，机构担保 REMIC 萎缩至只有 240 亿美元，甚至比非机构担保 REMIC 证券还要少 110 亿美元。

REMIC 证券市场的复苏

1994—1995 年，随着 REMIC 证券的发行额锐减，市场逐渐从打击中恢复过来，最重要的是市场从中吸取到了教训。1996 年，机构及非机构担保 REMIC 证券的发行额分别反弹至 650 亿美元和 400 亿美元。到了 1997 年，情况进一步好转，机构担保 REMIC 证券的发行额提高了一倍多，超过1 500亿美元，非机构担保 REMIC 证券的发行额达到 640 亿美元。REMIC 市场在 1998 年完全恢复，机构担保证券的发行额达到将近 2 000 亿美元，非机构担保证券更是达到了1 350亿美元，比 1993 年的顶峰时期还多出了 350 亿美元。

总的来说，市场的复苏主要归结于三个原因。首先，尽管 REMIC 市场出现崩溃，但投资者对具备结构化现金流的抵押贷款证券仍存有强烈需求。投资者的需求是推动资产证券化市场发展最主要的动力来源。投资者已经习惯了设计精巧的多档转手证券，与普通的单一档现金流证券相比，他们当然更偏爱 REMIC 证券。只要价格合适，他们就会对这类证券产生有效需求。（有效需求在这里被定义为投资者愿意并有能力购买产生的需求。）例如，在市场崩溃之前，市场上就已经有了相当数量的浮动利率证券投资者，他们出于获得较高收益率的考虑，更愿意选择浮动型证券而非固定利率转手证券。

与之类似，银行和储贷机构由于监管和会计方面的原因，需要投资那些平均寿命较短、能与其负债基本匹配的 PAC（他们之前也的确实现了这种匹配）。出于同样的原因，保险公司一向购买中长期的 PAC，而养老基金则追求那些最长期限的资产，如零息债券。为满足这些需求，市场上必须提供 PAC 证券和零息债券。此外，为了规避利率变动风险，基金管理人总是偏爱 IO 和 PO。由于这些需求的存在，REMIC 市场的复苏就有了坚实的投资者基础。

其次，持续的、大规模的抵押贷款需求需要通过 REMIC 市场提供有效的融资途径。尽管婴儿潮人群的住房需求在 20 世纪 90 年代中期开始减弱，但住房市场的整体需求在整个 90 年代后半期仍然旺盛。这些需求来自空前的经济增长和强劲的移民潮。因此，房屋价格继续一路上扬，新建房屋和二手房交易仍然需要大规模的抵押贷款融资。

与住房相关的贷款（购房资金）加上再融资以及其他目的贷款（比如获得第二笔贷款用于支付子女教育费用），合计贷款发放规模在 1996 年和 1997 年分别达到了 7 800 亿美元和 8 300 亿美元（见第 3 章的讨论）。历史已经证明，多档转手证券是最有效的抵押贷款融资模式。市场已经经历了挫折并获得纠正，必须要有 REMIC 证券来为庞大的抵押贷款需求提供有效融资。

最后，也是最重要的一点，现金流结构简化使得收益率差重新调整。当 REMIC 市场陷入不景气的时候，单一档次现金流证券的定价和现金流结构发生了很大的变化，这为市场的复苏铺平了道路。新发放 PAC 与其基础担保资产相比，收益率差缩减了很多（这里的收益率差调整发生于 1996—1997 年的市场复苏早期）。

支持型证券的大幅度跌价表明，之前投资者并没有得到充分的风险补偿。支持型证券的风险非常高，不仅表现在其平均寿命变化幅度大，而且表现在二级市场的流动性较低。在发展初期，支持型证券较大的收益率差主要是用于补偿其所吸收的 PAC 提前偿还风险，现在该收益率差则还需要补偿流动性风险。

作为收益率差调整的一部分，PAC 在提前偿还方面被附加了更为严格的限制条件。从结构上看，要想给 PAC 附加更多的提前偿还限制条件，为其提供更多的保障，其相应的支持型证券平均寿命的波动幅度就会变大。这些支持型证券在市场崩溃时价格下跌得最为严重。带有附加条件的 PAC 会在市场复苏过程中不断涌现，直至投资者不愿承受更大的支持型证券提前偿还风险。出于同样的原因，浮动型证券的折扣会有所缩减，以提高反向浮动型证券的收益率。

此外，对于规模一定的 REMIC，出现了本金规模较小的浮动型证券。从结构上看，浮动型证券的规模与其反向浮动证券的票息杠杆倍数（multiplier）成正比。为发行较大规模的浮动型证券，反向浮动型证券的票息杠杆倍数必须相应增加。同样，由于高杠杆的反向浮动证券的价格在混乱的二级市场严重受挫，市场从中吸取了教训，目前反向浮动证券的杠杆比率大大降低了。

自从 1996 年 REMIC 市场复苏以来已经过去了 10 个年头，该市场目前的繁荣程度远远超过了崩溃之前。2003 年，机构担保和非机构担保 REMIC 证券的年发行额分别达到 5 160亿美元和 5 860 亿美元，几乎分别是其 1993 年发行额的

2倍和3倍。在最近的三年中，机构担保REMIC证券的发行量逐年下降，这和机构担保转手证券发行量下滑的原因相同。不过在这一时期，由于基础资产种类增多，对常规抵押贷款的需求也同比例增加，使得非机构担保REMIC证券的发行量急剧上升。

在REMIC市场陷入低迷的时期，一些市场资深人士和主要的投资者均纷纷预言——多档抵押贷款证券的时代已经结束。他们认为，投资者对多档证券已经完全丧失了信心，抵押贷款证券未来仍将回归到最初的单一档次形式。但本书作者却持有完全不同的观点，坚定地指出——这些人误把一次严重的衰退当做不治之症。基于上面提到的理由，作者坚持认为，时间不会倒流，REMIC市场一定会恢复元气。（参见Joseph Hu，“Prospects for Recovery”，in：*Mortgage Banking*，Jan. 1996.）

定价与交易

多档转手证券最根本的作用在于分割抵押贷款现金流，并按照国债收益率曲线的形状对不同档次的现金流进行定价。各期限档次的REMIC证券按照高于相应期限国债收益率的收益率差的方式进行标价和交易。REMIC证券与国债的收益率差的幅度反映了其提前偿还风险的大小，也反映了该证券相对于国债和其他档次REMIC证券的价值。影响收益率差的因素有很多，包括证券的现金流结构、供求状况、利率水平和抵押品收益率差（collateral yield spread）。多档转手证券的收益率差也被用于表示其流动性状况。

与单一档现金流转手证券不同，REMIC证券以收益率差而非价格作为报价方式。如表5—1所示，2006年底，某投资银行对 2 年期 PAC 的一般报价是，超过 2 年期国债收益率 70 个基点收益率差（买价）和 67 个基点收益率差（卖价）。

表 5—1 部分档次 REMIC 证券的买卖收益率差报价，2006 年底

平均寿命(年)	PACs 证券（基点，买价—卖价）	序列型证券（基点，买价—卖价）
2	70—67	96—92
3	72—69	100—96
5	87—83	120—115
10	107—101	140—135

说明：表中给出的是 REMIC 证券的标示收益率差，其基础资产为新发行的 30 年期、票面收益率为 5.0%～5.5%的抵押贷款。序列型证券的收益率差从 4 年期和 10 年期基准序列型证券的收益率差推导得出。

资料来源：UBS Financial Services，Inc.

任何 REMIC 证券的买卖报价几乎总是提示说“仅做标示之用”。一只特定的 2 年期 PAC 实际交易时的收益率差与标示收益率差会有些许差异。很多 2 年期 PAC 的票面收益率（security coupon）各不相同，其基础资产的票面收益率也不一样（提前偿还风险不同）。经纪人不可能对每个档次的 REMIC 证券都做一次报价，所以通常是报出一个普遍的收益率差作为基准。在计算特定证券的收益率差时，先对基准收益率差进行调整，然后将调整后的收益率差加在相应的 2 年期国债收益率之上，即可得出该 2 年期 PAC 的收益率。通过该收益率即可推导出其价格。这些 REMIC 证券的买卖收益率差报价假定其基础资产为新发行的票面收益率在 5.0%～5.5%之间的 30 年期抵押贷款。

2 年期 PAC 的买卖收益率差报价之间有 3 个基点的差距（differential），代表了该证券的交易流动性状况（一般而言，REMIC 证券的流动性较好，尽管比不上单一档现金流转手证券）。平均期限较短的PAC（短期PAC）的买卖报价差距要小于平均期限较长的证券（长期PAC），表明长期PAC的流动性不如短期PAC。其中一个原因是，短期PAC的基础资产提前偿还的风险较低。此外，短期PAC较长期证券的收益率低，相应地，与国债的收益率差更小。也正因为这些原因，PAC的买卖报价差距要略小于序列型证券。

支持型证券的收益率差要大于序列型证券。因为此类证券被用于吸收PAC证券的提前偿还风险，其平均寿命对PAC原先定价时的提前偿还速度（pricing speed）非常敏感。基础资产的提前偿还假设对支持型证券的交易非常关键。由于假设通常存在很大差异，支持型证券的收益率差报价也大不相同，因此在表5—1中没有列出。其买卖报价差距也大于PAC和序列型证券的报价差距。总之，多档转手证券的现金流结构越不稳定，买卖报价差距就会越大。

第 6 章 非机构担保多档抵押贷款转手证券

非机构担保转手证券（以下简称“非机构担保证券”）最早出现于 1977 年，但直到 20 世纪 90 年代后期它才开始吸引投资者的注意力。上一章曾提到，自从《1986 年税收改革法案》颁布之后，非机构担保证券的发展出现了重大突破，年发行额达到 70 亿美元；1987 年这个数字上升至 110 亿美元；到

1993 年房地产抵押贷款投资融通信托（REMIC）证券市场崩溃之前，新发行的非机构担保证券接近1 000亿美元（见第 5 章图 5—1）。当时差不多所有固定利率非机构担保证券都采取了 REMIC 证券的形式发行，而新发行的固定利率机构担保证券只有大约一半到四分之三采用了 REMIC 证券形式。

在 REMIC 市场的恢复时期，非机构担保证券的表现令人叹为观止，其年发行额由 1996 年的 700 亿美元于 1997 年再次回升到将近 1 200 亿美元。2001—2004 年，其年发行额迅速由 2 700 亿美元增长到 8 600 亿美元。更令人吃惊的是，到了 2005 年和 2006 年，非机构担保证券发行额每年高达近 1.2 万亿美元；2006 年底，该证券的余额达到 1.75 万亿美元。20 世纪 90 年代后半期，非机构担保证券市场根据基础抵押贷款的信用质量分成了两部分。一部分基础抵押贷款的信用质量较高，这部分贷款支持的证券保留了非机构担保证券的名称。另一部分基础抵押贷款的信用质量较低，该市场被称做低质抵押贷款证券（subprime security）市场或房屋权益贷款市场。

本章将举例说明非机构担保证券的交易结构，具体分析非机构担保证券的基础资产的特点、现金流结构、信用增级机制和评级标准。由于非机构担保证券没有得到政府机构的担保，信用增级措施就显得非常重要。评级标准的重要性在于，不同程度的信用增级会导致不同的评级结果。

基础抵押贷款的特点

非机构担保证券和机构担保证券的根本区别在于基础抵押贷款。非机构担保证券的基础资产主要是高信用等级的优质抵押贷款，政府不对其违约风险提供担保。但机构担保证券恰恰相反，其基础抵押贷款必须获得政府机构的担保。比如，根据 Ginnie Mae 基础资产池的要求，抵押贷款必须是新发放的贷款（账龄小于一年），并由联邦住房管理局提供保险或者由退伍军人事务管理局提供担保。对于 Fannie Mae 或 Freddie Mac 担保的证券，抵押贷款虽没有获得政府担保，也必须满足一定的要求。

还有一个非常重要的特点是，非机构担保证券规定的抵押贷款初始规模超过了 Fannie Mae 与 Freddie Mac 每年发布的规定上限（conforming limit）。单户住宅抵押贷款 2003 年的限额是 32.27 万美元。（需要指出的是，该上限每年都会根据联邦住房金融委员会的 10 月份单户住宅价格调查结果进行调整。例如，2002 年的上限为 30.07 万美元。而 2001 年 10 月—2002 年 10 月的房价上涨幅度为 7.32%，因此 2003 年的限额被调整为 32.27 万美元。2006 年的限额已调高到 41.70 万美元。）超过该限额的贷款被称为非标准贷款，或通俗地称为大额贷款。RMFSI 2003-S17 证券有相当部分的基础贷款远远超过了这一限额，大部分在 36 万～65 万美元之间，平均为 43.5 万美元。除了担保和贷款规模不同之外，这种非标准优质抵押贷款与政府机构担保贷款还存在两个重要的区别。

抵押贷款的按揭比率低

评级机构要求贷款初始金额与房产市价之比不超过 80%。换句话说，购房者必须至少支付 20%的首付金额。如果抵押贷款的按揭比率超过了 80%，则必须由一家主要的抵押贷款保险公司提供保险，首付金额加上抵押贷款保险使得按揭比率降到 75%以下。按揭比率超过 80%且未保险的抵押贷款在协商的基础上也可以进入机构担保贷款资产池。这种情况下，诸如救助措施（recourse，指一旦违约，贷款人须自行收回并用新的贷款进行替换，或者向投资者赔偿损失）

和自我保险（由发起人提供）等安排也是必不可少的。否则，未保险、高按揭比率的贷款将被政府机构资产池排除在外。由于这一特定要求，标准贷款的按揭比率几乎总是保持在 80%，不高也不低。而 RMFSI 2003-S17 证券基础抵押贷款的平均按揭比率为 65%，只有 0.1%的贷款超过 80%的按揭比率。因此非机构担保证券的基础抵押贷款绝大部分属于低按揭比率。从历史统计数据看，低按揭比率贷款（低于 80%）的违约概率也较低。

借款人的信用质量高

尽管对信用质量的标准没有明确定义，但作为行业惯例，通常用借款人的信用历史和债务收入比（每月还贷金额与每月税后收入之比）对其进行衡量。例如，信用评级机构通常认为一个没有破产记录、信用卡或其他分期付款没有出现过拖欠记录、债务收入比不超过 36%的借款人为 A 级借款人。那些之前有过破产记录、经常有拖欠行为、债务收入比过高的借款人则被划分为 B、C 和 D 级。

近年来，发起人和信用评级机构越来越多地依据信用评分（credit score）模型来评价借款人的信用质量。实际上，信用评级机构目前已将借款人信用质量视做与按揭比率同等重要。由费尔-艾萨克公司研发的 FICO 评分体系是使用最多的几种评分体系之　。该评分体系包括三个模型：BEACON，TRW/FICO 和 EMPIRICA（美国最新的消费者信用评分体系通常有四个模型）。借款人的信用、收入、资产、负债以及雇佣情况的历史信息被量化为一个分值。从统计角度看，FICO 分值（FICO score）作为一个指数，已经证明对借款人的信用风险有高度的预见性。该分值越高，借款人的信用质量就越高。

比如整个分值的变动幅度在400～800分之间，FICO分值在720分以上的借款人将被归入A类。低于620分的贷款可能会被视做低质或C甚至D类贷款。而660～680的分值没有对借款人的信用质量作出明确界定。在RMFSI 2003-S17证券的例子中，基础抵押贷款的借款人有着极高的信用质量。超过35%的借款人拥有700～750分的FICO分值，将近50%的借款人则拥有751～800分的分值。

除了信用评分，信用评级机构如标准普尔还会关注借款人的抵押贷款评分（mortgage scores）。抵押贷款评分不仅包括信用评分的变量，还包括抵押贷款独有的一些指标，如按揭比率、房产使用情况、贷款目的、房产所在地的经济状况、借款人的雇佣情况等等。

一个典型的交易

前面提到过，能对基础现金流进行期限分割的抵押贷款担保债券是住房抵押贷款证券化发展历史上的一个重要里程碑。《1986年税收改革法案》允许抵押贷款证券的发行人在抵押资产的基础上以多档现金流的形式发行转手证券，提高了证券化市场的效率。期限分割（maturity tranching）机制使得发行人能够按照整个国债收益率曲线的形状对基础现金流进行分别定价，而单档现金流抵押贷款转手证券只能根据收益率曲线上的一点进行定价。因此，期限分割的定价机制远远优于单档现金流证券的定价机制，使得基础资产能够获得更好的价格。从1987年开始，对基础资产的现金流进行期限分割成为了机构担保证券的主要特征，发行人以此来满足不同投资者的需求。

而非机构担保证券不仅根据REMIC立法进行了期限分

割，还进行了信用分割（credit tranching），以提高现金流主体部分的定价。信用分割是将基础资产现金流分割为不同的信用等级，并使每个等级都获得尽可能高的信用评级。

下面通过一个有代表性的案例来介绍非机构担保证券——住房融资抵押贷款证券公司 2003-S17 系列（Residential Funding Mortgage Securities Inc. Series 2003-S17，彭博（Bloomberg）证券代码：RFMSI 2003-S17）。介绍分为两个部分：基础抵押贷款的特点和证券的现金流结构。

大致说来，支持 RFMSI 2003-S17 的抵押贷款有如下特点：30 年期，固定利率，抵押房产为单户住宅，房产由购房者自用（owner-occupied），贷款加权平均期限为 359 个月，加权平均票面收益率为 5.617%，如表 6—1 所示。提供担保

表 6—1　住房融资抵押贷款证券公司 2003-S17 系列基础抵押贷款的特点

贷款目的		**居住情况**	
购房	16.5%	购房者自住	97.2%
房屋权益贷款	12.9%	度假用	2.8%
再融资	70.6%		
担保房产的类型		**地理分布**	
单户住宅	73.5%	北加州	25.8%
2～4 户住宅	0.2%	南加州	24.2%
公寓住宅	2.2%	其他州	50.0%
PUD	23.4%		
贷款期限		**贷款类型**	
30 年	99.5%	固定利率	100%
20～25 年	0.5%	**发行年份**	
WAM：	359 个月	2003 年	100%
WAC：	5.617%	**发行总规模**：5.3 亿美元	
LTV：	65.04%	**加权平均贷款规模**：43.55 万美元	

资料来源：Standard & Poor's and Bloomberg.

的房产主要位于加利福尼亚州（占全部贷款金额的 50%），另外 50%分布在其他 49 个州。这些贷款的初始金额非常大，加权平均规模为 43.55 万美元，不过它们的加权按揭比率（LTV）比较正常，仅略高于 65%。

顾名思义，RFMSI 2003-S17 的发行人就是 RFMSI。2003 年，该公司发行了 20 只非机构担保优质抵押贷款支持证券，全部初始本金额超过了 80 亿美元。上述例子中的证券是该公司 2003 年发行的第 17 只证券。RFMSI 通过其分支机构——住宅融资公司（Residential Funding Corp，RFC）——购买该交易中的全部抵押贷款。RFC 同时也是该交易的主服务方（master servicer）。发放这些贷款的机构主要是 RFC 及其分支储贷机构，如购房金融网络公司（HomeComings Financial Network Inc.）和山岭太平洋抵押贷款公司（Sierra Pacific Mortgage Co. Inc.）。

出于会计和税收方面的考虑，发行人会选择以 REMIC 的身份发行证券。如表 6—2 所示，该证券前 8 个期限等级（从 A-1 到 A-6，以及 A-P 和 A-V）的预期平均寿命在3.6～12.5 年之间。期限分割所依据的提前偿还速度被假设为 250 PSA（后面会介绍提前偿还速度和平均寿命的概念）。通过期限分割，所有的 A 档现金流即可根据国债收益率曲线 3～12 年的区域进行有效定价。比起仅仅根据国债收益率曲线上 10 年期的一点进行定价，用这种方法基础资产能够获得更高的定价。

该交易运用高级现金流/次级现金流结构进行信用增级。5.599 90 亿美元的初始本金被分割为不同的信用档次。A 档的初始本金为 5.470 06 亿美元（不算 IO），占交易总金额的 97.68%，被设计为高级档次。高级档次的信用等级因为受到其余 2.32%的现金流的支撑而获得提升。在这 2.32%的现金流的支持下，高级档获得了 AAA 信用评级。支持档现金

表 6—2　　住房融资抵押贷款证券公司 2003-S17 系列抵押贷款转手证券的参与主体和现金流结构

贷款发放人：住房融资公司、购房金融网络公司和山岭太平洋抵押贷款公司

证券发行人：住房融资抵押贷款证券公司

主服务人：住房融资公司

承销商：瑞士信贷第一波士顿公司

托管人：美一银行

分割等级	金额（千美元）	平均寿命（年）	档次名称	信用评级
A-1	205 000	3.6	SEQ，AS	AAA
A-2	50 731	12.5	SEQ，AS	AAA
A-3	33 323	11.6	NAS	AAA
A-4	26 703	11.6	NAS	AAA
A-5	200 000	6.3	SEQ，AS	AAA
A-6	14 500	12.5	RTL，AS	AAA
A-P	16 649	6.4	PO	AAA
A-V	529 889		IO NTL	AAA
R	100		R，AS	AAA
M-1	7 419	10.9	MEZ，NAS	AA
M-2	2 120	10.9	MEZ，NAS	A
M-3	1 325	10.9	MEZ，NAS	BBB
B-1	795		SUB，NAS	BB
B-2	530		SUB，NAS	B.
B-3	795		SUB，NAS	N. R.
合计	559 990			

说明：1. 所有信用等级的证券的票面利率均为 5.5%。

2. SEQ：序列偿还型债券（sequential-pay bonds）；AS：本金加速偿还债券（accelerated principal payment bonds），本金偿还速度较非加速证券更快；PO：纯本金型债券（principal-only bonds）；IO：纯利息型债券（interest-only bonds）；R：剩余（residual）；MEZ：中间档次债券（mezzanine bonds）；SUB：次级债券（subordinated bonds）。

3. A-3 和 A-4 档是本金锁定档次（principal lockout classes）。这两个档次在截止日（cutoff date）后的头五年（直到 2008 年 9 月的发行日（distribution date）），不会获得任何本金偿还。本金将被支付给 A-1 和 A-2 档的债券。从第 6 年到第 9 年，封闭档次债券将有权按比例分别获得本金的 30%、40%、60%和 80%。第 10 年以后，封闭档次债券有权按比例获得全部本金份额。

资料来源：Standard & Poor's and Bloomberg.

流又被进一步划分成 3 个中间档次（M-1 到 M-3）和 3 个次级档次（B-1 到 B-3）。M-1 受到 M-2、M-3 以及次级档次的支持，信用评级为 AA。对 M-1 提供信用支持的现金流共占交易现金流的 1.32%。M-2（A 级）和 M-3（BBB 级）获得的信用支持分别占交易现金流的 0.62%（集合了 M-3、B-1 到 B-3 的现金流）和 0.4%（集合了 B-1 到 B-3 的现金流）。B-1（受 B-2 和 B-3 支持）和 B-2（受 B-3 支持）获得的信用支持分别占交易现金流的 0.38%和 0.24%。

信用增级的方法

尽管非标准优质抵押贷款的质量高于标准贷款，非机构担保证券仍然需要通过信用增级获得投资者青睐的高信用评级。在第 1 章我们曾提到，非机构担保证券的信用增级技术在过去 10 年中获得了长足发展，目前采用的方法主要包括以下几种。

高级现金流/次级现金流结构

最常用的方式是通过自我保险进行信用增级。也就是说，证券发行人将抵押贷款资产池的全部现金流分为二个档次：高级和次级。按照惯例用 A 级和 B 级表示。过去 10 年中，非机构担保证券越来越多地采用 A/B 结构进行信用增级。到目前为止，实际上所有优质抵押贷款支持的非机构担保证券采用的都是 A/B 结构。

如表 6—2 所示，RFMSI 2003-S17 证券也使用了 A/B 结构，即将全部现金流的 2.32%划为次级，将高档证券的信用等级提升至 AAA 级。因此这是一个 97.68-2.32 的 A/B 分档结构。根据安排，全部的本金现金流除了按照 97.68 对 2.68 的比例进行预定摊还的部分外，都被先用于支付高级证券。B 级证券被用于吸收损失，直至其为零。

越来越多的 A/B 结构开始在高级和次级之间增加一层或多层的中间档次（MEZ）。RFMSI 2003-S17 证券也是一个 A/M/B 结构的例子。尽管中间档的现金流次于 A 级，但其本身也受到 BB、B 及 N. R. 所提供的 0.38%全部现金流的信用支持。

这里我们以 RFMSI 2003-S17 为例来说明信用分割的概念。因为 RFMSI 2003-S17 的基础抵押贷款在 AAA 情形下的预期损失率为 2.32%，所以全部现金流的 97.68%可以获得 AAA 评级。该例子没有说明 AA 情形下基础抵押贷款的违约和收回情况，这种情形下的违约率要比 AAA 情形下的略低，而回收率略高。交易结构显示全部现金流的 1.32%（=7 419/559 990）被评为 AA 级。实际上这意味着全部现金流的 99.00%（=97.68%+1.32%）可以获得 AA 评级。只是因为 97.68%的现金流可以获得更高的评级，为了尽可能提高整体现金流的评级水平，该交易将 99.00%的现金流分割成了 97.68%的 AAA 级现金流和 1.32%的 AA 级现金流。

该交易将全部现金流的 0.38%（=2 120/559 990）评为 A 级。同样，这意味着 99.38%（=97.68%+1.32%+0.38%）的现金流能被评为 A 级。但既然 99.00%（=97.68%+1.32%）的现金流已经获得了更高评级，该交易就只将 0.38%的现金流评为 A 级。

债券保险

单向保险公司（monoline）唯一的业务就是为债券可能发生的损失提供保险。抵押贷款支持证券出现损失的原因可能是基础抵押贷款的现金流不足以支付利息，并进而造成债券违约。（这些受到保险的债券被称做担保债券。）当违约情况发生时，债券保险公司可以提供最高达100%的损失补偿。（对于那些资产池历史表现良好、违约和拖欠记录较少的发行人，损失补偿比率将远远小于100%。）

债券保险人也通常会对非机构担保证券提出一些要求，比如建立一个准备金账户，安排一定程度的超额抵押或者为出售人设定次级权益以最先承受损失。每一个债券保险人，如MBIA，FGIC，CapMAC和FSA，都至少从一家顶级信用评级机构获得了AAA的信用评级，由它们提供保险的证券也获得了同等的信用级别。

资产池保险和公司担保

提高抵押贷款证券信用质量的方法还包括：发行人母公司提供信用担保或抵押贷款保险公司提供资产池保险。与债券保险（bond insurance）类似，受担保或保险的证券获得了与母公司或抵押贷款保险公司相同的信用等级。因此，这两种方法通常在担保人和保险人有AAA信用评级的时候较为有效。公司担保（corporate guarantee）并不是一个常用的信用增级手段，资产池保险（pool insurance）则为部分非机构担保证券所采用。

信用证

第四种方法比较少见，即从一家有AAA信用评级的商业银行获得信用证。和债券保险一样，信用证通常在准备金账户之后提供损失补偿。信用证担保的证券，其信用等级等同于信用证提供者。

信用评级

如前所述，越来越多的非机构担保证券被分割为多个信用档次。各档次按照不同的评级标准获得从 AAA 到 B 不同等的信用评级（credit rating）。前面的 RFMSI 2003-S17 证券是信用分档的一个非常好的例子。虽然四大信用评级机构（标准普尔、穆迪、惠誉和多明尼恩）对每个信用类别的评级标准在细节上可能存有少许不同，但总体框架是一样的。每家信用评级机构在衡量各信用档次证券的潜在风险时不外乎考虑以下几种情况：最坏情况下必要的损失补偿、基础资产池的特点，以及其他一些因素，如发行人/服务人以及主服务人的质量等等。

必要的损失补偿

非机构担保证券的绝大部分现金流都至少从一家评级机构获得了 AAA 的信用评级。AAA 级证券必须要有能力经受住严重的经济衰退情形。通常在经济衰退的情况下，会出现房价暴跌、失业率攀升等负面因素，其结果就是抵押贷款的拖欠和违约情况增多。AAA 级证券需要设定足够的损失补偿资金，以防止其自身的本金遭受任何损失。而为了估计违约时的损失程度，信用评级机构通常会对财产罚没率（foreclosure rate）和损失程度（loss severity）作出实际评估。

罚没率是指一个资产池一年中出现违约并导致抵押物罚没的部分的比率。损失程度衡量的是罚没过程结束后实际发生的损失在资产池初始贷款金额中的比重。对损失程度的计算包含了两个假设：一是抵押资产的市场价值在清算时会下降；二是存在罚没成本。罚没成本包括财产清算的中介费用、财产保管费用、所有的法律费用和抵押贷款应计利息。

根据上述假设，AAA 级证券受到的保障仍然与信用增级措施的具体安排相关。例如，对一个 AAA 级的债券，标准普尔通常假设违约（罚没）率为 15%，损失程度为 42.5%。（计算方法是，假设贷款为 1，按揭比率为 80%，住房市值下跌 34%，罚没成本占贷款的 25%，其中包括 12%的按揭贷款利率。损失程度=1－1/80%×(1－34%)+25%=42.5%。)给定这些条件，一个 AAA 级证券必要的损失补偿比率为 6.375%(=15%×42.5%)，由罚没率乘以损失程度得出。在实际交易中，违约率和损失程度的假设会根据基础抵押贷款的信用质量作出调整。在 RFMSI 2003-S17 证券中，由于贷款质量优良，AAA 级的损失补偿比率只有 2.45%。

信用评级的表现

20 世纪 70 年代后期以来发行的 AAA 级非机构担保证券的品质非常高，信用评级调低的情况非常少见。（按照标准普尔的标准，对某一债券的信用评级反映的是其违约的可能性。无论是只有 1 美元的债券利息没能按时支付，还是债券最终不能偿还本金，均被视做违约。评级之后，如果标准普尔认为基础抵押贷款的表现发生了改变以致违约可能性上升，则债券的信用评级将被降级。相反，如果贷款表现好于预期，违约率降低，债券将被升级。）事实上，只有极少数 AA 到 BBB 的债券信用评级出现过降级情况。甚至投机级的 BB 和 B 信用评级出现降级的情况也不多见。

1978—2003 年，标准普尔给予了非机构担保证券 5 138 个 AAA 评级、3 207 个 AA 评级、2 367 个 A 评级、2 620 个

BBB 评级、1 210 个 BB 评级和 1 108 个 B 评级。这些评级在 26 年间表现卓越。这期间，从评级在 1 年内的变动表现看，99.9%的 AAA 级证券维持了原有评级，只有 0.1%被降级，但也仅仅被降到 AA 级，如表 6—3 所示。AA 级证券的 1 年内稳定率达到了 98.3%（8.2%评级调升加上 90.1%评级不变），只有 1.7%出现降级。即便是评级最低的 B 级证券，1 年内稳定率也达到了 95.1%。

在更长的时间段中观察其表现，信用评级的稳定性依然出色。如观察 5 年内的表现，99.8%的 AAA 信用评级保持不变。对于最低的投资级评级——BBB 评级，88.6%保持了稳定。B 级评级的 5 年稳定率也达到了 81.6%。

表 6—3　非机构担保证券信用评级变动率的评级结果在 1 年内和 5 年内的变动情况，1978—2003 年

平均 1 年	AAA	AA	A	BBB	BB	B	D	稳定率*
AAA	99.9	0.1						99.9
AA	8.2	90.1	1.4	0.2	0.1	0.1		98.3
A	3.1	6.9	88.5	1.1	0.2	0.1		98.4
BBB	0.6	3.9	5	88.1	0.8	1.1	0.1	97.7
BB			3.3	9	84.3	1.3	0.6	96.6
B				1.7	5.3	88	2	95.1
平均 5 年	**AAA**	**AA**	**A**	**BBB**	**BB**	**B**	**D**	**稳定率**
AAA	99.1	0.6	0.1	0.1				99.1
AA	27.2	66	4.7	0.8	0.1		0.5	93.2
A	21	14.2	59.3	2.5	0.4	0.5	1.5	94.5
BBB	15.9	13.4	12.6	46.4	2.1	2.9	4.4	88.3
BB	2.7	10.8	11.4	17.8	42.3	2.9	8.2	85.1
B	0.8	0.9	3.6	11.6	15.4	49.2	12.2	81.6

说明：由于四舍五入的原因，稳定率加降级率可能不等于 100%。

资料来源：Standard & Poor's.

提前偿还模式

与机构担保证券相同，非机构担保证券的提前偿还情况受到再融资和住房交易的影响。但由于非标准抵押贷款资产池不像标准贷款那样统一，非机构担保证券的提前偿还的波动性要比机构担保证券更大。非机构担保证券的发行人不同，其服务费利差（servicing spread）（基础资产池的总加权平均贷款票面收益率（gross WAC）减去证券的净加权平均票面收益率（net WAC））也大不相同。此外，各资产池在贷款规模、按揭比率、基础资产的地域分布、房产使用情况（自用还是出租）以及借款人的信用质量方面也存在很大的差异。（尽管大部分基础贷款借款人拥有 A 级的信用评级，但差异仍然存在。资产池中也会有少量信用等级较低的借款人。）

总的说来，当利率下降的时候，与相同票面收益率的机构担保证券相比，非机构担保证券的提前偿还速度要快得多。因为非标准贷款的金额更大，非标准贷款的借款人比标准贷款的借款人收入更高，因此，非标准贷款的借款人也更善于利用利率下跌来进行再融资。此外，由于改善住房条件和工作变动的原因，他们搬家的频率也更为频繁。这些原因使得非机构担保证券的提前偿还速度快于机构担保证券。

二手房出售率

二手房出售率（housing turnover rate）取决于二手房的出售量和单户住宅的总存量（stock）规模。例如，1995 年二手房的年出售量为 380 万套，住房存量约为 6 370 万套。二手房出售率约为 6%。这就表示提前偿还速度里至少有 6 个百分点来自二手房的出售。但到了 2003 年，受抵押贷款利率降至历史低点的刺激，二手房出售量达到了将近 700 万套的庞大规模。单户住宅存量约为 7 000 多万套，二手房出售率上升到将近 10%。二手房出售率的上升可以归因于贷款违约、浮动利率贷款再融资或是初始利率更低、期限更短的贷款的再融资、加速还款（curtailment）以及诸如火灾、水灾、死亡等其他原因。

违约发生率

违约算不上是导致非机构担保证券提前偿还的一个重要原因。据美国抵押贷款机构协会（Mortgage Bankers Association of America，MBA）的报告，一般来说，优质非标准贷款的拖欠率一直低于标准贷款。从 2001 年的第一季度到 2004 年的第一季度，优质贷款总的拖欠率（30 天、60 天和 90 天推迟还款率之和加上罚没率以及已获得房屋产权部分的比率）平均约为 2.6%。与 FHA 贷款 11.6%的拖欠率和 VA 贷款 7.3%的拖欠率相比，优质贷款总的拖欠率分别低将近 900 个基点和 470 个基点。更重要的是，优质贷款的罚没率（罚没指贷款人收回房产进行清算）平均只有 0.5%，而 FHA 和 VA 贷款则分别达到 2.8%和 1.5%。

标准违约假设

虽然优质非标准贷款的违约率相对较低，投资者仍然对其历史表现和提前偿还评估情况非常关注。对次级证券更是如此，因为此类证券的现金流与贷款的违约历史表现密切相关。出于对上述问题的考虑，公共证券协会（Public Securities Association）为贷款违约分析和每月现金流预测提供了标准违约假设（standard default assumption，SDA）。从概念上讲，SDA曲线与PSA提前偿还曲线类似。100% SDA指的是一个30年期抵押贷款资产池的违约发生情况符合以下描述：

1. 第1个月的违约率的年化值为0.02%；

2. 第1～30个月，违约率每个月的年化增长率为0.02%；

3. 第30～60个月，违约率达到最高点0.6%后并维持在该水平；

4. 第60～120个月，违约率每个月按照0.009 5%的年化减少率从0.6%一直减少到第120个月的0.03%；

5. 第121～348个月，违约率稳定在0.03%（这里假设12个月的清算期，用于清算房产和弥补贷款损失，但如果清算期少于12个月，则0.03%的违约率会持续更长时间）；

6. 在基础资产池的最后1年，违约率降至0。

SDA曲线的含义是指，贷款违约率在初期会随着时间的推移而增加，但当贷款年龄进入2年半至5年之间的时候，违约率持平。5年后，违约率开始下降，经过一段时间后稳定下来并最终降至零。但在为非机构担保证券定价时，市场参与者有可能采用SDA曲线，也可能不采用。例如，有些投资者可能会假设250% PSA和150% SDA（即2.5倍PSA的速度和1.5倍SDA的违约率）来对非机构担保证券进行定价。而对同样的证券，其他投资者可能会仅把SDA融入250% PSA假设来估计证券的价格/收益率以及平均寿命。

房价上涨的重要性

信用创新机制确保了非机构担保证券具备完美的信用表

现，不过房价上涨在维持其信用质量方面也扮演了重要角色。实际上，非机构担保证券最根本的信用问题就是资产池的累计本金损失规模有多大。我们已经论述过，该损失规模与损失程度密切相关，而损失程度度是房产清算价值的函数。清算价值又取决于房价的涨跌。

从历史经验看，在房价快速上涨时期，抵押贷款的违约率较低。进一步分析，如果资产池一定会出现违约，房价的适度上涨即可轻易弥补罚没成本并控制潜在的本金损失。在过去 25 年中，房价普遍出现大幅度上涨。这一事实使得抵押贷款资产池的累积本金损失得到了有效控制。

美国的经验

过去 30 年中，以新房和二手房加权平均价格变动率衡量的房地产价格几乎一直处在强劲的上升势头中（1991 年前后除外）。房价每月的涨跌幅度处于 0.2%～15%之间，如图 6—1 所示。在 20 世纪 70 年代，当住房需求和通货膨胀都非常强劲的时候，名义房价的年平均上涨幅度达到过 11%。剔除通货膨胀因素，真实的年平均上涨幅度（房价上涨率减通货膨胀率）也超过了 3%。由于 20 世纪 80 年代初住房需求趋缓，经济遭受严重衰退，名义房价的年平均上涨幅度差不多降到了原来的一半，真实价格实际保持不变。90 年代初还出现了住房需求萎缩、名义房价严重下跌的现象。但 1993—2004 年，住房市场出现了大幅度反弹，名义和真实房价的年平均涨幅分别超过 6%和 4%（剔除 2%的年通货膨胀率）。在 2005 年和 2006 年，由于住房抵押贷款利率稍有回升，房价的涨幅有所下降。

这 30 年的历史表明，房价上涨是国民经济健康运行和住房市场蓬勃发展的必要因素。只有当经济衰退和/或住房交易放缓的时期（如 1981—1982 年以及 1990—1992 年），才会出现名义房价年涨幅低于 3%、实际涨幅为负的情况，几乎很少有例外。在经济没有衰退的时期，名义涨幅基本高于 3%，实际价格也会上涨。从长远看，房价预计会与通货膨胀保持同步。当经济增长强劲、住房市场活跃的时候，房价涨幅会略高于通货膨胀。假设未来几年中，年通货膨胀率为普遍接受的 3%，即便实际房价没有出现上涨，名义房价也会每年增长 3%。

加利福尼亚州的经验

国民经济整体状况对房价会产生影响，不过区域经济特点与房价有着更直接的关系。这种影响在非机构担保证券方面表现得更为明显，因为其基础抵押贷款通常集中在有限的几个州，比较典型的是，超过 1/3 的非机构担保证券的基础抵押贷款位于加利福尼亚州。

过去 25 年里，加利福尼亚州房价的变动趋势与全国一致，但幅度更大。图 6—1 显示，加利福尼亚州房价的年波动幅度在－6%～26%之间，远远高于全国房价的平均波动水平。波动最剧烈的时期在 20 世纪 80 年代后期，当时加利福尼亚州住房市场发生了严重衰退。与大部分其他的州相比，加利福尼亚州的衰退较长，到 1994—1995 年左右才结束。此后，加利福尼亚州的房价开始攀升，不过速度仍略低于全国平均水平。但到了 1996 年之后，加利福尼亚州房价的涨幅明显超过了全国平均水平。加利福尼亚州经济在上一年取得了强劲增长，电信、科技、计算机和电影工业的雇员数量显著增长。强劲的经济复苏对加利福尼亚州房价产生了积极的影响，并最终保证了非机构担保证券的信用质量。

图 6—1　美国和太平洋地区房价年上涨幅度，1976—2006 年

资料来源：Office of Federal Housing Enterprise Oversight.

定价和交易

尽管信用表现出色，非机构担保证券的收益率仍高于机构担保证券。在投资者心目中，AAA 的信用等级最终还是比不上政府信用。实际上，对于有些投资者，尤其是基金，非机构担保证券甚至因为不是机构担保证券而不符合投资条件。缺乏大规模的投资者基础使得非机构担保证券的收益率更高。

除了信用质量方面的差异外，非机构担保证券落后于机构担保证券还有三个原因。首先，由于提前偿还速度相对更快、更不稳定，与相同票面收益率的机构担保证券相比，非机构担保证券被认为存在更高的提前偿还风险。其次，根据商业银行“新巴塞尔协议”风险资本的要求，非机构担保证券的风险权重为50%。而Fannie Mae和Freddie Mac担保证券的风险权重为20%。商业银行为持有非机构担保证券要留出更多的资本，因此也要求获得更高的收益率进行补偿。第三，如果通过融资方式购买非机构担保证券，在利率和抵押品打折（haircuts）方面的成本会更高(抵押品打折是指为了借款，抵押品在计算抵押价值时要打一定的折扣)。

非机构担保证券的收益率存在差异的另一个原因是对补偿利息（compensating interest）的处理。补偿利息仅存在于一些特定的非机构担保证券中，指的是证券发行人向投资者支付一定的利息，以弥补抵押贷款提前偿还造成的利息缺口。当借款人提前还款时，将一次还清剩余的贷款本金以及当月初至还款日之间的应计利息。但投资者却认为应得到当月全部的利息。因此，存在一个还款日至当月末的利息缺口。有些非机构担保证券的发行人事先会留出准备金。对于机构担保证券，所有的出售人/服务人会平均分担这部分缺口。对于那些不提供补偿利息的非机构担保证券，其收益率必须高于那些提供补偿利息的证券。两者之间的收益率差距取决于提前偿还的速度和证券的预期平均寿命。总的来说，在平均寿命较短的档次之间，差距非常微小。但对那些在加速偿还的情况下初始平均寿命达到20年的档次，收益率差距可高达15个基点。

鉴于以上原因，2006年非机构担保证券在定价和交易时，收益率要比相应的机构担保证券高15～30个基点，如表6—4所示。对于平均寿命较长的证券，收益率的差距更大。这些证券收益率的差距要比前几年大得多。但收益率差距拉大并不意味着非机构担保证券的质量下降，主要是因为优质抵押贷款在低利率环境中的提前偿还速度加快了。

表 6—4　机构担保和 AAA 级非机构担保 REMICs 证券不同档次间的收益率差间距，2006 年底

平均寿命（年）	序列型证券的收益率差报价（基点）	
	机构担保	非机构担保
2	95	110
3	98	115
5	118	140
10	138	163
20	145	175

说明：上述为报价收益率差，所有 REMICs 证券的基础抵押资产为新发行的 30 年期、5.0%～5.5%的普通产品。

资料来源：UBS Financial Services，Inc.

附录A　提前偿还和提前偿还率分析

抵押贷款是长期债务，借款人可能会将贷款在到期前就偿还完毕。这种情况称为提前偿还。而几乎所有的贷款都允许提前偿还，且不会有任何惩罚。由于贷款摊还，抵押贷款转手证券的本金余额会随时间的推移逐渐减少，即便基础抵押贷款没有提前偿还也是如此。不过，由于绝大多数抵押贷款都存在提前偿还，所以转手证券的本金余额减少速度会比预计的摊还速度快得多。因此，提前偿还被定义为对转手证券余额超出预定摊还金额部分的一次性偿还。提前偿还的速度用提前偿还率来衡量。提前偿还率是抵押贷款转手证券独有的概念，也是在决定其相对于其他固定收益证券（如国债和企业债）的价值时最重要的影响因素。

提前偿还率的衡量

提前偿还指的是将抵押贷款转手证券本金超出当月应摊

还金额的部分一次性全部还清。提前偿还率因此就是指超额偿还部分占当月初本金余额的比重。对超额偿还部分总是按月进行衡量。但与利率一样，提前偿还率通常表示为年化比率。抵押贷款资产池的提前偿还率在初期是较低的，但随着时间的推移会逐渐提高。因此在初期，衡量提前偿还率通常还会结合资产池账龄（pool age）进行考虑。

单月提前偿还率

在发生提前偿还的月份，单月提前偿还率（single month mortality，SMM）表现为月初资产池余额的一定百分比。其计算如下——第 N 个月的 SMM 我们用 SMM_N 表示。

$$SMM_N=\frac{SF_N-AF_N}{SF_N}$$

$$SF_N=AF_{N-1}\times\frac{SAF_N}{SAF_{N-1}}$$

式中，SF_N 为第 N 月末的预计系数；AF_N 为第 N 月末的实际系数；SAF_N 为第 N 月末的预计摊还系数。系数为资产池余额与最初金额之比。

例如，假设有一个 30 年期的抵押贷款资产池，加权平均票面收益率为 6%，其在第 39 个月末和第 40 个月末的实际系数分别为 0.704 546 1 和 0.698 147 5。则第 40 个月的 SMM 可以按照下列步骤计算：

第一步：根据加权平均票面收益率，第 39 个月和第 40 个月的预计摊还系数 SAF_{39} 和 SAF_{40} 可以计算得出。分别为 0.957 248 9和 0.956 039 6。（资产池预计余额和系数的详细计算，见债券市场协会标准规则（PSA Standard Formulas)。）

第二步：第 39 个月的实际系数和第 39、40 个月的预计摊还系数我们已经计算出。如果第 40 个月没有提前偿还情况

发生，则第 40 个月的预计系数 SF_{40} 为

$$SF_{40}=AF_{39}\times\frac{SAF_{40}}{SAF_{39}}$$

$$=0.704\ 546\ 1\times\frac{0.956\ 039\ 6}{0.957\ 248\ 9}=0.703\ 656\ 0$$

第三步：第 40 个月的提前偿还部分为

$$SF_{40}-AF_{40}=0.703\ 656\ 0-0.698\ 147\ 5=0.005\ 508\ 5$$

第四步：第 40 个月的单月提前偿还率为

$$SMM_{40}=\frac{SF_{40}-AF_{40}}{SF_{40}}=\frac{0.005\ 508\ 5}{0.703\ 656\ 0}$$

$$=0.007\ 828\ 4=0.782\ 84\%$$

持续提前偿还率

SMM 可以以年为单位转化为持续提前偿还率（constant prepayment rate，CPR）。（从提前偿还率的计算角度看，CPR 有时被称做有条件提前偿还率（conditional prepayment rate），因为当前月份的提前偿还率取决于上一个月的提前偿还系数。）事实上，提前偿还率和利率一样，通常用年比率的形式表示，而不是月比率。转换公式为 $CPR=1-(1-SMM)^{12}$，步骤如下：

第一步：当月提前偿还率给定时，存续比率（survival rate）的计算很简单，即（1－SMM）。在上面的例子中，月存续比率为 0.992 171 6＝1－0.007 828 4。

第二步：月存续比率为 0.992 171 6，年存续率为 91%（＝（0.992 171 6）^{12}＝0.910 000 1）。

第三步：由于在第 40 个月，资产池存续比率的年化比率为 91%，因此第 40 个月的年化提前偿还比率 CPR 为 9%（＝$[1-(1-SMM)^{12}]=1-(0.992\ 171\ 6)^{12}=1-0.910\ 000\ 1=$

0.089 999 9)。

公共证券协会标准

为衡量抵押贷款资产池相对于其历史年龄的偿还情况，公共证券协会（债券市场协会的前身）发布了新的被称为百分比 PSA（percent PSA）的公共证券协会标准（Public Securities Association Standard，PSA）。（有趣的是，PSA 也被解释为是提前偿还速度假设（prepayment speed assumption）的首字母缩写）。如图 6—2 所示，100% PSA（PSA 曲线）表示资产池的提前偿还具有如下特征：（1）第 1 个月的 CPR 为 0.2%；（2）头 30 个月每月 CPR 增长 0.2%；（3）从第 30 个月以后，每个月的 CPR 恒定在 6%。前 30 个月的 PSA 曲线有时也被称做倾斜期（the ramp period）。对于某个特定月份，资产池的提前偿还速度可能快于或慢于上述标准。其提前偿还速度被表示为 PSA 的一定倍数。（通俗地讲，提前偿还率通常被称做提前偿还速度或简称速度。）

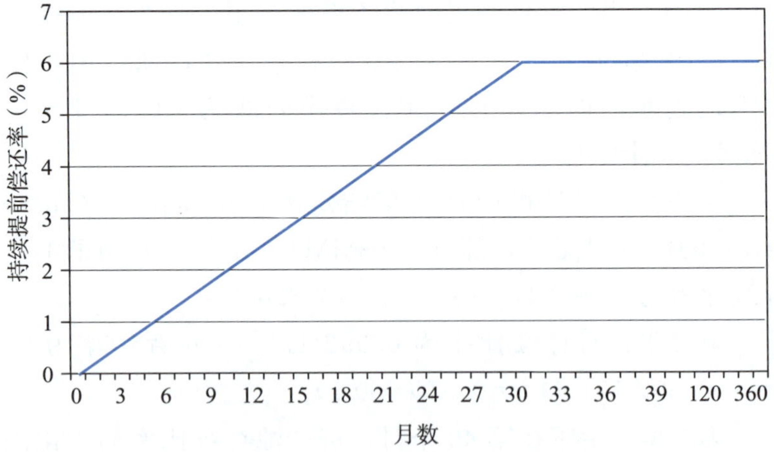

图 6—2　公共证券协会标准

从上面的例子可以看出，假定第 60 个月的 CPR 为 9%，则该月的 PSA 速度为 9%/6%=150% PSA。但如果是第 20 个月的 CPR 为 9%，那么速度将为 100×[9%/(0.2×20)]=225% PSA。对于同样的 CPR，第 20 个月的 PSA 速度要大于第 60 个月，原因是，PSA 标准预测一个 20 个月的资产池的提前偿还率为 PSA 的 150%，即 6% CPR。而实际上提前偿还率为 9% CPR，提前偿还速度被调整至 225% PSA。给定资产池的账龄，CPR 和 PSA 可用下面的公式相互转换，即

当资产池账龄小于 30 个月的时候：

$$\text{PSA}=100\times\frac{\text{CPR}}{0.2\times\text{账龄}}$$

$$\text{CPR}=\frac{\text{PSA}\times 0.2\times\text{账龄}}{100}$$

当资产池账龄等于 30 个月或更长的时候：

$$\text{PSA}=100\times\frac{\text{CPR}}{6}$$

$$\text{CPR}=\frac{\text{PSA}\times 6}{100}$$

需要注意的是，PSA 曲线有一个基本假设，即新发放转手证券的基础抵押贷款完全用来为住房交易提供融资。在 2002—2003 年那样的低利率环境中，相当部分的提前还款是为了再融资，这种假设即会失效。

提前还款的两个基本原因

抵押贷款可以被用于为购房提供长期融资。但借款人出于多种原因，很少将贷款持有至到期日。贷款提前偿还有两个基本原因：再融资和住房转手（housing turnover）。贷款

违约、自然灾害和借款人死亡都可能造成住房转手。

再融资

在利率下降的环境中，借款人有强烈的再融资动机。这是因为，借款人会提前偿还高于市场利率的现有贷款，并以市场利率获得一笔新的贷款。通过再融资，借款人每月的还款金额会降低。因此，再融资是提前偿还的一个重要原因。例如，2003年的贷款利率跌至5.5%以下，为50年最低水平，于是，再融资规模迅速飙升。当年发放的4.2万亿美元中将近2/3是为了再融资。到2006年底，再融资的贷款占所有未清偿贷款余额的40%。

房屋转手

利率稳定的时候也会出现提前偿还现象。除了再融资之外，作为抵押品的住房的所有权变化也会造成贷款提前偿还。房屋售卖、违约、灾害（如火灾、水灾或地震）或借款人死亡均有可能导致房屋所有权发生变化。

房屋出售。房屋所有权变化最主要的原因就是借款人出于各种原因将房屋出售。原因包括但不限于住房改善、工作变动或者离婚。普通贷款（政府没有提供保险或担保）通常包含一个出售即到期（due-on-sale）条款，要求借款人在房屋出售时将贷款提前清偿。尽管FHA/VA贷款允许房屋购买人从出售人处承接抵押贷款（称为抵押贷款承接），但出售人通常仍会提前清偿贷款。

违约。借款人的财务状况可能会因失业而恶化，以致无法继续支付每月的还款。如果这种情况只是暂时的，贷款被称为出现拖欠（delinquency）；如果无力偿还的情况持续超过3个月，即被认为违约（default）。这种情况下，贷款人可以启动罚没程序，最终将房屋拍卖，以支付贷款。需要注意的是，抵押贷款的违约率通常非常低。近年来，年平均违约率低于0.5%。

灾害。房屋由于火灾、水灾或地震造成的严重损害也会导致贷款提前偿还。房屋是为贷款提供担保的抵押品，抵押品的严重损害会使得抵押的意义不复存在。如果投保了财产损失保险，贷款将被提前偿还；如果没有投保财产损失保险，贷款通常最终会违约。

借款人死亡。如果借款人死亡，遗嘱执行人通常会将房屋出售，提前清偿贷款，以免发生违约。否则，如果贷款出现违约，贷款人将收回房屋并提前清偿贷款。

第7章 商业房地产抵押贷款支持证券

商业房地产抵押贷款的发放

商业房地产抵押贷款的违约及损失分析

一个典型的交易

信用评级

定价和交易

商业房地产抵押贷款支持证券的发展与规模

商业房地产抵押贷款支持证券市场是资产证券化市场中最新发展起来的一个部分。这个市场最早出现在20世纪80年代中期的美国，但直到90年代中期才开始快速发展。90年代初，CMBS的年发行规模仅为40亿美元；1995年的时候，年发行额也只有150亿美元。而到了2006年，CMBS的发行额扩大了十几倍，达到2 100亿美元。2006年末CMBS的未清偿余额估计约为6 000亿美元。

从现金流结构的角度看，CMBS 与我们在第 6 章中讨论的非机构担保 RMBS 没有什么显著的不同。但 CMBS 基础资产（商业房地产抵押贷款）在发放、担保品、偿还贷款期限，以及现金流的来源等方面与 RMBS 存在很大区别。更重要的是，商业房地产抵押贷款的违约发生率远远高于优质住房抵押贷款。鉴于此，信用评级对 CMBS 所必须提供的信用支持远高于其对 RMBS 所提供的支持。

本章首先介绍商业房地产抵押贷款的发放程序及考虑因素，分析商业房地产抵押贷款的特点并比较其与住房抵押贷款的区别。违约是造成商业房地产抵押贷款提前偿还的一个特别重要的因素，我们将通过对违约损失经验数据的分析对该问题进行探讨。然后，我们将列举一个案例介绍 CMBS 的结构，并对 CMBS 信用评级的表现和交易模式进行讨论。最后将对美国 CMBS 市场的发展历史进行简要介绍。

商业房地产抵押贷款的发放

商业房地产抵押贷款的发放过程与住房抵押贷款不同，两者在借款人、贷款方式和抵押品三个方面均存在明显区别：商业房地产抵押贷款的借款人是企业，而住房抵押贷款的借款人是个人购房者；两种贷款都以摊还的形式偿还且摊还期都是 30 年，但是，商业房地产抵押贷款的期限通常仅为 10 年，而住房抵押贷款的期限通常为 30 年；商业房地产抵押贷款的抵押品是商业房地产，其出租收入是偿还贷款的主要来源，而住房抵押贷款是以单套住宅作为抵押，以借款人的个人收入作为还贷来源。表 7—1 列出了商业房地产抵押贷款和住房抵押贷款的主要区别。

表 7—1　　商业房地产抵押贷款和住房抵押贷款比较

	商业房地产抵押贷款	住房抵押贷款
借款人	商业企业	房屋所有人
借款人信用	企业的信用评级（如果有）；商业房地产的信用评估	收入、工作、资产负债、信用历史
基础抵押资产	商业房地产（多户住宅、办公楼、零售用建筑、工业建筑、旅馆等等）	住宅
偿债能力	商业房地产的现金流	个人收入
发放时考虑的关键指标	按揭比率 偿债覆盖倍数	按揭比率 债务收入比率 收入房价比率
抵押贷款	固定利率 10 年期或浮动利率 3 年、5 年、7 年期气球型贷款。几乎全部以 30 年期为基础制定摊还计划	固定利率 15 年或 30 年完全摊还；或者利率可变，大部分情况有 1 年的利率可调整期和 30 年的摊还计划
提前偿还风险保护	通常有 10 年锁定期，对提前偿还进行一定金额的惩罚	到期前任何时候均可按面值提前偿还

商业房地产抵押贷款和住房抵押贷款还有一个重要区别是，商业房地产抵押贷款有提前偿还保护机制。几乎所有的商业房地产抵押贷款都有禁止提前偿还的条款，而住房抵押贷款可以在到期前的任何时候按照面值提前偿还。

提前偿还保护机制有三种类型——强制锁定（hard lock-out）、收益保全（yield maintenance）和现金流保全（defeasance）。强制锁定是指在贷款合同中规定一定的锁定期，在此期间，禁止提前偿还，这是最直接的保护方式。锁定期可以是贷款发放后的前 5 年。第 5 年之后，借款人可以提前偿还，但必须交纳一定的罚金。罚金随时间的推移逐年下降，比如，第 6 年是剩余贷款金额的 5%，第 7 年是 4%，并依此类推。按照这个模式，罚金将在第11年降至零。收益保全是指借款人对贷款人因提前偿还而损失的利息收入进行补偿。也就是说，借款人对贷款人的补偿要能够使贷款人的利益不会因提前偿还而受到影响。现金流保全模式则要求借款人用一组国债替换已提前偿还贷款的现金流，以使得贷款人的现金流不受提前偿还的影响。

从贷款发放的角度看，商业房地产抵押贷款重点关注两个指标——按揭比率和偿债覆盖倍数（debt service coverage ratio，DSC）。按揭比率衡量的是融资的杠杆程度；偿债覆盖倍数衡量的是基础抵押资产产生成现金流偿还债务的能力。

按揭比率

商业房地产抵押贷款的借款人是出于经营目的进行融资，所以通常希望尽可能更大程度地利用基础抵押资产。也就是说，借款人想获得尽可能高的按揭比率。但从贷款人的角度看，为最小化违约风险和最终损失，则会尽力降低按揭比率。一般来说，商业房地产抵押贷款的按揭比率在70%～80%之间，超过80%的情况极其少见。这一点与住房抵押贷款按揭比率常常达到90%甚至95%的情况形成鲜明对比。

决定商业房地产抵押贷款按揭比率的一个重要因素是房产的评估价值。对普通住宅而言，评估价值是通过对比邻近地区类似房地产最近的出售价格得出的。商业房地产不同，对其价值的评估采用的是贴现法。贷款人首先会分析该房地产在未来产生的净现金流，并按照一定的资本化率（capitalization rate）对净现金流进行资本化（capitalize），从而得到该房地产未来收益的贴现值，以此作为评估价值。净现金流实质上是房地产在最近一年的收入（主要是租金收入）减去其运营成本后的余额。房地产的评估价值等于净现金流乘以资本化率的倒数。例如，如果某房地产在最近一年的净现金流估计为 100 万美元，市场上近期交易的资本化率为 8%，则该房地产的市场价值估计为 1 250 万美元（=100×1/0.08）。

偿债覆盖倍数

偿债覆盖倍数衡量的是基础资产生成现金流并偿还债务的能力，类似于住房抵押贷款中的收入债务比。发放商业房地产抵押贷款的时候，贷款人只有在房地产的年净现金流超过年还款金额时才会感到安心。一般净现金流至少要为贷款偿付金额的 1.1～1.2 倍。按照惯例，该倍数被表示为偿债覆盖倍数为 1.1～1.2。

商业房地产抵押贷款的违约及损失分析

商业房地产抵押贷款的目的是，对借款人的商业经营活动提供帮助，而住房抵押贷款则是为购买住宅提供融资。从历史经验看，商业活动的不确定性远高于住房交易活动。如果抵押房地产产生的现金流不足以偿还贷款，商业房地产抵押贷款就会出现违约。相比之下，住房抵押贷款出现违约则是因为房屋所有者丧失了每月支付还款的能力。商业房地产抵押贷款出现违约的可能性远远大于住房抵押贷款。实证方面的研究也表明，商业房地产抵押贷款的违约率比住房抵押贷款高得多。

标准普尔 2006 年 6 月曾发布了一份对 CMBS 基础资产的信用表现的研究报告，指出，截至 2005 年 12 月 31 日，由标准普尔评级、1993—2002 年之间发放并打包发行 CMBS 的商业房地产抵押贷款，其累积违约率为 6.52%，违约贷款的平均损失程度为 28.7%，如表 7—2 所示。特定类别（如同一个发放年份或某个特定房地产项目）贷款的累积违约率（cumulative default rate）是指，截至 2005 年 12 月 31 日，该类贷款中违约的笔数占该类贷款总笔数的比重。损失程度表示为收回金额占贷款初始本金的比重；收回金额为清算收入减去清算成本（中介、法律费用和贷款损失利息）之差。

表 7—2　　商业房地产抵押贷款的累积违约率和损失程度（按发放年份和房地产类型分类）

2005 年 12 月 31 日

贷款发放年份	正常贷款	违约贷款	全部贷款	截至 2005 年 12 月 31 日的累积违约率(%)	损失程度(%)
1993	161	8	169	4.73	0.00
1994	572	30	602	4.98	18.40
1995	1 225	135	1 360	9.93	25.46
1996	1 915	213	2 128	10.01	19.06
1997	4 083	448	4 531	9.89	33.21
1998	7 273	527	7 800	6.76	32.63
1999	2 627	151	2 778	5.44	23.76
2000	2 504	209	2 713	7.70	20.78
2001	3 825	154	3 979	3.87	18.18
2002	3 697	69	3 766	1.83	26.35
合计	27 882	1 944	29 826	6.52	27.01
医护用建筑	552	119	671	17.73	46.94
工业建筑	2 242	109	2 351	4.64	24.13
旅馆	1 371	425	1 796	23.66	39.02
多户住宅	8 886	591	9 477	6.24	16.66
厂造房屋	971	29	1 000	2.90	24.25
多用途建筑	575	27	602	4.49	17.25
办公楼	4 224	205	4 429	4.63	26.21
零售业建筑	7 848	414	8 262	5.01	24.31
自用仓储建筑	892	14	906	1.55	21.93
其他	321	11	332	3.31	4.82
合计	27 882	1 944	29 826	6.52	27.01

资料来源：Standard & Poor's.

从表 7—2 中可以明显看出，商业房地产抵押贷款的发放年份不同或抵押资产不同，其信用表现也大不相同。1993 年和 1994 年发放的贷款要明显好于以后年份的贷款，尤其优于 1995—1997 年发放的贷款。在发放年份更靠后的贷款中，2000 年发放的贷款情况不佳，其违约率已经超过了 4%。对于 2001 年和 2002 年发放的贷款，由于时间过短，目前还难以对其信用表现作出估计。

贷款年龄是决定最终违约率的一个重要因素，但经济条件和房地产市场周期对商业房地产抵押贷款的信用表现的影响更为关键。1993—1994 年的贷款质量好，是因为 1990—1991 年的经济环境和市场不景气还历历在目，贷款人在发放贷款时非常谨慎，再加上经济和房地产市场在之后的 5～6 年中复苏，共同促成了这一时期贷款的出色信用表现。

1995—1997 年，由于经济环境和市场情况较好，贷款人对未来持乐观态度，发放贷款的条件变得相当宽松，以致在后来出现了很多违约情况。而且这几年的贷款中，有 50%～70%是医护用建筑（medical facilities）和旅馆贷款，这些贷款后来的情况不佳，违约率较高。从表 7—2 可以看出，医护用建筑和旅馆贷款分别有 17.73%和 23.66%的累积违约率。医护用建筑贷款在 2000—2001 年陷入困境，当时老年医疗保险计划（Medicare）和穷人医疗救助计划（Medicaid）的报销政策发生了变化并加强了控制，严重影响了医护用建筑的现金流状况。对于旅馆贷款，73%的违约发生在“9·11”事件之后。这一悲剧事件毁掉了旅馆业。商业和休闲旅行的突然急剧下降极大地削减了旅馆行业的现金流，并导致旅馆贷款违约率升高。三年以后，美国的旅馆行业才开始复苏。

就损失程度而言，总的来说不同年份的贷款的损失程度大致比较平均，但不同房地产项目的损失程度则相差很大。医护用建筑贷款和旅馆贷款损失程度最高，分别为 46.94%

和 39.02%。损失程度与违约贷款在哪一年清算密切相关，不过这一点在表 7—2 中并未列出。在经济状况较好的 1995—1999 年，损失程度要低于经济状况较差、房地产市场严重衰退的 2001—2003 年。但整体来看，损失程度不到 30%，处于中等水平。将违约率和损失程度相乘，即可得出贷款资产池的累计损失。如果把 1993—2002 年发放的贷款看做一个大的资产池，其累计损失（假定所有贷款的 10 年累积违约率为 7%）仅为 1.89%(=7%×27.01%)。

一个典型的交易

我们将用 J.P. 摩根大通商业房地产抵押贷款证券公司 2003-PM1 系列（JPMCC 2003-PM1）证券为例，说明 CMBS 交易的现金流结构和一些重要概念，该证券由标准普尔和惠誉给予信用评级。下面将介绍 CMBS 现金流的信用分割、期限分割、基础抵押贷款和房地产抵押品的特点，以及评级前贷款重估（re-underwriting）等内容。

信用分割和期限分割

如表 7—3 所示，JPMCC 2003-PM1 交易有 17.375%的现金流为 AAA 级现金流提供信用支持。换言之，该交易中 82.625%（=1－17.375%）的现金流获 AAA 评级。其 AA 级现金流为 4%。这是为 AAA 级提供支持的现金流减去为 AA 级提供支持的现金流的差额。AA 级包含了 AA＋和 AA－。AA 级现金流次于 AAA 级现金流，与 AAA 级现金流相比违约率也更高，因此所需的信用支持要弱于后者。在 17.375%的支持现金流中有 13.375%被用于支持 AA 级。AA 级现金流即为

表 7—3　　J. P. 摩根大通商业房地产抵押贷款证券公司 2003-PM1 系列的参与主体和现金流结构

承销商：J. P. 摩根证券公司、美林公司、皮尔斯-芬纳-史密斯公司、PNC 资本市场公司、瑞士信贷第一波士顿和德意志银行证券公司

出售人：J. P. 摩根大通银行、美林抵押贷款公司和 PNC 银行

主服务人：中部贷款服务公司

特殊服务人：中部贷款服务公司

托管人：明尼苏达韦尔斯-法戈银行

支付代理人：J. P. 摩根大通银行

等级	预评级*	预定金额（千美元）	建议信用支持程度(%)	占总现金流的比例(%)
A-1	AAA	86.050	17.375	82.625
A-2	AAA	96.950	17.375	82.625
A-3	AAA	100.000	17.375	82.625
A-4	AAA	282.010	17.375	82.625
B	AA	33.244	14.500	2.875
C	AA—	13.009	13.375	1.125
D	A	27.462	11.000	2.375
E	A—	13.009	9.875	1.125
X-1	AAA	1 156.314	17.375	82.625
X-2	AAA	1 107.302	17.375	82.625
A-1A	AAA	390.394	17.375	82.625
F	BBB+	15.899	8.500	1.375
G	BBB	13.008	7.375	1.125
H	BBB—	18.790	5.750	1.625
J	BB+	15.900	4.375	1.375
K	BB	7.227	3.750	0.625
L	BB—	8.672	3.000	0.750
M	B+	7.227	2.375	0.625
N	B	4.336	2.000	0.375
P	B—	2.891	1.750	0.250
NR	N. R.	20.236	N/A	

* 各等级证券的评级均为预评级，会随时发生变化。

说明：X-1 和 X-2 为纯利息型高等级证券；A-1A 为非机构担保档次；N. R. 为未评级；N/A 为不适用。

资料来源：Standard & Poor's.

两者的差额 4%。但 AA 级现金流要次级于 AAA 级现金流，如果实际损失超过 13.375%，AA 档证券的本金只能在 AAA

档证券之后获得偿付。此次交易中的信用分割还产生了其他几个信用档次：3.5%的A档、4.125%的BBB档、2.75%的BB档和1.25%的B档。获得评级的现金流占到98.25%，剩余1.75%的现金流未获评级，这部分属于发行人持有的权益部分。交易中发生的任何损失均先由这部分现金流承担。这种损失通常称做最初损失。

CMBS的期限分割不像RMBS那么复杂。这是因为商业房地产抵押贷款通常能够较好地规避提前偿还风险（提前偿还保护最大的特点在于，证券有10年的固定期限，如果提前偿还会面临重罚），因此没有必要设计出复杂的期限结构来满足投资者需求。

基础抵押贷款的特点

上述例子中交易的总金额为12亿美元，略高于近几年平均每笔10亿美元的规模。不过这个规模对RMBS来说是比较常见的。该交易的资产池中只有148笔贷款，远远低于RMBS资产池中数千笔贷款的数量。这148笔贷款均为固定利率抵押贷款，由183处房地产作抵押。这意味着有的贷款是交互抵押(cross collateralized)，即一笔贷款由多处房地产作抵押。

在抵押的房地产中，多户公寓住宅（multifamily apartments）最多，占资产池初始本金规模的33%。第二大类是零售业建筑，占25.6%。接下来的是办公楼（22.5%）、旅馆（8.8%）、工业仓储建筑（4.4%）、厂造房屋（3.2%）、自用仓储建筑（1.7%）和多用途建筑（0.7%）。183处房产分布于34个州，其中有3个州集中的规模超过了7.5%，分别是得克萨斯州（16.2%）、加利福尼亚州（14.5%）和纽约州（7.6%），它们总计占到了资产池的38.3%。

这些贷款的按揭比率在7.2%～91.4%之间，平均为

70.1%。偿债覆盖倍数从 1.14 倍到极高的 17.32 倍不等，平均为 1.69 倍。

JPMCC 2003-PM1 基础资产的构成情况在 CMBS 交易中比较常见。实际上，绝大多数联合型（conduit）CMBS 都是由多种类型的房地产为基础抵押贷款提供担保的。表 7—4 列出了过去 12 年中不同类型房地产的比重以及交易的类型。显而易见，办公楼、多户公寓住宅和零售业建筑所占份额越来越大。在早些年，联合型交易是最主要的类型，但聚集型（fusion）后来居上。聚集型交易的典型特征是，10 笔最大的贷款合计超过资产池的 40%。

评级前贷款重估

CMBS 评级有一个重要特征，即评级机构会对所有的基础贷款进行重估。评级机构会适度调高贷款的按揭比率，并调低偿债覆盖倍数，以提高融资杠杆指标并减弱偿债能力指标。大约一半的贷款会被逐笔重估，尤其是那些金额较大的贷款。小额贷款通常会按照一定的负债和偿债能力重估标准进行批量重估。这么做的原因在于，一般贷款人在发放贷款时都持较为激进和乐观的态度。评级机构出于保护投资者的目的，通常会从保守的角度出发看待基础资产，因此需要对贷款指标进行重新调整。重估后，该交易获得不同信用评级所需的信用支持水平比发行人最初预期的要高。根据标准普尔的分析，重估后的 JPMCC 2003-PM1 证券按揭比率会显著提高，达到 86.9%，平均偿债覆盖倍数则会降低至 1.66 倍。

表 7—5 以一栋办公楼为例说明了重估的过程，该办公楼作为基础房地产为一笔 100 万美元的商业房地产抵押贷款提供担保。为评估该建筑的潜在现金流， 标准普尔对发行人对

表 7—4　**CMBS 交易类型和房地产组成部分的发展变化，1993—2006 年（%）**

房地产类型	1993 年	1998 年	2001 年	2002 年	2003 年	2004 年	2005 年	2006 年
办公楼	7.7	21.5	33.1	23.2	24.6	26.6	29.3	26
旅馆	0.7	12.4	7.4	2.2	6.7	3.6	11.5	14
多户公寓住宅	19.3	23.6	20.0	23.4	22.9	19.0	20.7	20.8
医护用建筑	4.3	2.5	1.8	1.0	0.6	0.0	0.1	1.1
移动房屋	3.0	1.4	1.0	1.4	1.7	3.9	1.1	1.1
零售业建筑	17.0	27.4	28.7	26.2	33.4	35.0	27.6	24.8
仓库/工业用建筑	1.4	6.5	5.9	7.9	5.5	5.9	5.4	5.3
其他	46.8	4.7	2.0	14.8	4.7	6.0	4.3	6.9
合计	100.0	100.0	100.0	100.0	100.0	100.0	100.0	100.0
交易类型	1993 年	1998 年	2001 年	2002 年	2003 年	2004 年	2005 年	2006 年
联合型	3.1	30.5	36.2	25.9	16.2	8.6	2.8	0.3
单个借款人	28.0	2.7	18.4	5.1	7.8	7.9	8.9	4.7
浮动利率	0.0	19.2	14.1	14.7	16.5	17.7	16.2	16.0
聚集型	0.0	37.1	11.5	25.7	43.9	52.1	55.6	67.0
其他	68.9	10.5	19.8	28.5	15.6	14.6	16.5	12.0
合计	100.0	100.0	100.0	100.0	100.0	100.0	100.0	100.0

资料来源：Commercial Mortgage Alert and Citigroup.

表 7—5　　标准普尔对一笔新发放办公楼贷款所做的重估举例　单位：美元

	贷款人的分析	标准普尔的分析
贷款初始本金	6 000 000	6 000 000
每年偿债金额	360 000	360 000
收入	1 000 000	980 000
成本	350 000	360 000
经营净收入	650 000	620 000
承租人装修/租赁佣金	60 000	65 000
补充准备金	10 000	11 000
净现金流	580 000	544 000
现金流方差(%)		−6.21
资本化率(%)	7.00	9.00
房产评估价值	8 285 714	6 044 444
房产评估价值方差(%)		−27.05
LTV(%)	72.41	99.26
DSC(x)	1.61x	1.51x

资料来源：Standard & Poor's.

该建筑所作的收入预测加入了压力因素，重估了租金、成本和空置率假设。标准普尔还对营运费用进行了重估，以反映市场的平均水平。结果，评级所采用的经营净收入（62 万美元）略低于贷款发放人的抵押贷款经营净收入（65 万美元）。此外，对重要项目如承租人装修（tenant improvements）/租赁佣金（leasing commissions）和资本性支出所预留的准备金也从贷款发放人预计的 7 万美元上调至 7.6 万美元（也属于压力因素）。最终，作为评级基础的净现金流从贷款发放人原先估计的 58 万美元降到了 54.4 万美元。

在房地产评估方面，标准普尔选用的资本化率是在通行的市场利率上加 200～300 个基点。对一个年经营净收入为

58 万美元的房地产项目，按照 7%的资本化率，其评估价值为 828.57 万美元。如果按照 9%的资本化率和 54.4 万美元的净现金流计算，该房地产的评估价值为 604.44 万美元。因此，将预期收入降低、成本升高和资本化率提高等因素综合在一起，使得标准普尔对该房地产的评估价值要比贷款发放人原先估计的大约低 27%。

信用评级

CMBS 的信用评级被公认为有较强的稳定性，能在各种经济环境和房地产市场状况中保持稳定。如表 7—6，所有投资级评级（investment-grate ratings）在 1 年内的稳定率（stability ratio）平均为 97.93%。也就是说，1985—2004 年，投资级评级（包括 AAA、AA、A 及 BBB）在 1 年内不变或调升（rating unchanged and upgraded）（AAA 评级无法升级）的比率平均为 97.93%[＝(99.48%＋98.61%＋96.96%＋96.69%)/4]。在少量降级的评级中，只有更小部分最后出现违约并被降到了 D 级。AAA 和 AA 评级从未在 1 年内出现过违约。在 A 和 BBB 评级中，分别只有 0.05%和 0.12%在 1 年中出现过违约。在非投资级评级中，高达 93.9%的评级确保不变或者调升。只有 0.63%的 BB 评级和 2.01%的 B 评级在 1 年内出现过违约。

在超过 1 年的更长的时段中，投资级评级的信用表现依然稳定。1985—2005 年，以 5 年为观察期，没有 AAA 评级在 5 年内被降至违约，只有不到 0.6%的 AA 和 BBB 评级出现过违约。超过 90%的投资级评级在 5 年中保持不变或调升。BB 和 B 评级的违约率分别为 7.4%和 14.0%。总的看来，CMBS 评级的表现远远好于企业债券。同样在 5 年的时段中，投资级企业债的稳定率只有79.8%，其中BBB评级的违约率达3.7%；BB和B评级的违约率甚至分别高达16.8%和39.3%。

表7—6　　标准普尔对美国CMBS的评级在1年、3年和5年内的变动情况，1985—2005年

评级	AAA	AA	A	BBB	BB	B	CCC	D	稳定率
1年评级变动									
AAA	99.48	0.47	0.05	0.00	0.00	0.00	0.00	0.00	99.48
AA	5.99	92.62	1.03	0.31	0.00	0.04	0.00	0.00	98.61
A	1.22	4.62	91.12	2.54	0.27	0.09	0.09	0.05	96.96
BBB	0.37	1.84	2.78	91.71	2.41	0.65	0.12	0.12	96.70
BB	0.00	0.23	0.46	2.39	93.00	2.39	0.91	0.63	96.08
B	0.00	0.00	0.00	0.39	1.86	91.63	4.11	2.01	93.88
3年评级变动									
	AAA	AA	A	BBB	BB	B	CCC	D	稳定率
AAA	98.20	1.45	0.00	0.00	0.00	0.00	0.00	0.00	98.20
AA	12.52	83.42	2.36	0.72	0.13	0.46	0.26	0.13	95.94
A	5.25	10.72	77.88	4.07	1.33	0.30	0.22	0.22	93.85
BBB	1.92	5.69	6.65	78.86	4.95	0.81	0.67	0.44	93.12
BB	0.92	1.03	2.05	5.44	79.08	5.13	2.56	3.79	88.52
B	0.00	0.57	0.43	2.71	5.86	74.00	8.14	8.29	83.57
5年评级变动									
	AAA	AA	A	BBB	BB	B	CCC	D	稳定率
AAA	96.41	2.97	0.20	0.41	0.00	0.00	0.00	0.00	96.41
AA	15.15	77.94	3.41	0.95	0.09	1.04	0.85	0.57	93.09
A	8.79	14.13	70.07	3.80	2.26	0.00	0.36	0.59	92.99
BBB	3.86	11.02	9.23	66.67	6.61	0.69	1.38	0.55	90.78
BB	3.61	1.60	2.81	9.02	64.13	6.21	5.21	7.41	81.17
B	0.27	1.37	1.65	4.95	10.71	58.24	8.79	14.01	77.19

说明：由于四舍五入的原因，稳定率加降级率可能不等于100%。

资料来源：Standard & Poor's.

定价和交易

在资产证券化产品中，CMBS 虽是后来者，但迅速为投资者所接受，尤其是那些曾经因为风险而回避房地产投资的投资者更是如此。CMBS 吸引人的地方在于提前偿还情况相对确定，其与相同期限国债之间的收益率差也相对较大。提前偿还的确定性来自强有力的提前偿还风险防范措施。收益率差较大的原因则在于房地产市场的波动性使得投资者对投资商业房地产抵押贷款支持证券抱有更强的不安全感。CMBS 必须以更高的收益率对投资者进行补偿。

由于上述原因，CMBS 几乎一问世就以其优良的信用质量和较大的收益率差成为固定收益投资产品中的重要一员。20 世纪 90 年代中期，作为基准的 AAA 级 10 年期 CMBS 以高出 10 年期国债 75 个基点的价位进行交易。相同信用评级的 5 年期基准 CMBS 高出 5 年期国债 55 个基点。10 年期 BBB 级 CMBS 比 AAA 级又高出大约 50 个基点（也就是比 10 年期国债高出 125 个基点）。相比之下，10 年期 A 级金融债仅高出 10 年期国债 65 个基点；10 年期 AAA 级基准信用卡应收账款支持证券只有 47 个基点的收益率差。

1998 年俄罗斯债券出现违约后，这种收益率差关系发生了巨大变化，造成商业房地产抵押贷款支持证券的长期融资出现真空。AAA 级 10 年期和 5 年期 CMBS 与相同期限国债的收益率差高达 200 个基点。BBB 级 CMBS 的收益率差窜升至 350 个基点以上。随着金融市场逐渐从债券市场的崩溃中复苏，CMBS 的收益率差也开始逐渐减小。实际上，从 1999 年开始，收益率差开始逐步稳定缩减。到 2004 年末，AAA 级 10 年期和 5 年期 CMBS 的收益率差又收紧到历史新低，在 65 个基点左右徘徊。最近三年，收益率差又逐渐加大，到 2006 年底又回到了 80 几个基点，如表 7—7 所示。不过 BBB 级 10 年期 CMBS 的收益率差仍然高于 8 年前，为 145 个基点。

表 7—7　　CMBS 不同信用档次和期限档次之间的收益率差，2006 年 12 月 29 日

平均寿命/收益率差类型	AAA	AA	A	BBB	BB	B
5 年/国债收益率差	83					
10 年/国债收益率差	84	91	99	145	400	875
5 年/掉期收益率差	34					
10 年/掉期收益率差	36	43	51	97	350	825

资料来源：Morgan Stanley.

随着固定收益证券的投资者越来越多地通过短期债务融资来购买长期固定收益债券，利率掉期（interest rate swap）则成为一个流行的避险工具和投资组合管理的必要组成部分。例如，投资者会购买 10 年期 AAA 级 CMBS，并以 3 个月 LIBOR 的水平借入一笔短期债务。为规避借短买长造成的错配风险，投资者会进行一个 10 年期利率的掉期，支付国债收益率加一个收益率差，换得 3 个月期 LIBOR。该收益率差被称做掉期利差（swap spread）。

2004 年末收益率差极低的时候，10 年期 AAA 级 CMBS 的掉期利差在 25 个基点左右。到 2006 年底，随着收益率差的扩大以及利率错配风险的提高（一个原因是由于商业房地产市场的快速扩张及其强烈的资金需求），掉期利差上升至 36 个基点。这表明 2006 年底的时候，投资者通过支付 10 年期国债加 36 个基点，就可以规避借款投资 CMBS 造成的利率错配风险。投资者最终从 CMBS 中获得的净收益率差为 48 个基点（10 年期国债加 84 个基点的收益率减去 10 年期国债加 36 个基点的掉期成本)。与其他资产证券化产品和企业债相比，CMBS 的收益率差仍然较高，预计未来会有进一步的缩减。

商业房地产抵押贷款支持证券的发展与规模

美国 CMBS 市场的发展可以归因于过去 20 年间房地产市场的周期波动。20 世纪 80 年代初，经济环境普遍向好，为房地产市场奠定了坚实的基础并催生出一个获利丰厚的商业借贷市场，商业房地产市场因此蓬勃发展。房地产市场的大部分增长主要受益于 1982 年的税制改革以及 20 世纪 80 年代中期储蓄信贷行业在商业贷款方面采用的更为灵活的方法。企业的税收优惠引发了一些不符合经济原则的建筑动因，同时，储蓄信贷行业也为这样的建筑提供了资本。正是这些非理性的因素造成了房地产市场 20 世纪 80 年代末期和 90 年代初的不景气。

在这期间，当时曾投资于商业房地产贷款的银行和储贷机构都遭受了巨额亏损，许多机构还因此破产。导致这些贷款机构出现亏损和破产的原因有两个。首先，整个 80 年代的过度建设造成 90 年代房屋空置率（vacancy rate）不断上升，办公楼、工业用房（industrial building）和零售业建筑尤其严重。当局部地区和全国的经济状况转向恶化时，房地产融资旋即萎缩，联邦政府不得不接管并清算偿付能力不足的储贷机构。重组信托公司（Resolution Trust Corporation，RTC）应运而生，其任务就是接管破产的储贷机构和处理它们巨额的商业房地产不良贷款。该机构通过证券化的方法处理不良贷款，为 CMBS 市场的早期发展起到了重要的推动作用。第二个原因是，银行业于 1989 年引入风险调整资本要求（risk-adjusted capital requirement），监管环境因此发生了改变。那些拥有商业房地产抵押贷款的储蓄机构被置于不利境地，这些贷款与住房抵押贷款一样，都有着长期性的特点。商业房地产融资市场因此处于流动性紧张的不利境地，市场亟须为发放商业房地产抵押贷款寻找新的融资来源。正是在这种需求的推动下，CMBS市场开始出现并不断发展壮大。

从20世纪90年代初开始，CMBS市场出现了跃进式的发展。1990年CMBS的年发行额尚不足50亿美元，到1995年已经跃至157亿美元，如表7—8所示。到1998年，CMBS的年发行额已经达到了743亿美元。随后的四年中，CMBS的年发行额出现急剧下跌，原因是俄罗斯债券违约引发了金融市场混乱，造成了房地产抵押贷款融资不足。房地产市场在2000—2002年的严重衰退同样制约了CMBS的发行规模。但到了2003年，随着房地产市场的复苏，CMBS的年发行额回升并创下778亿美元的纪录。在后来的三年中，房地产市场的快速扩张使得CMBS的年发行规模不断上升，分别达到2004年的930亿美元，2005年的1 680亿美元和2006年的2 100亿美元。

表7—8　　美国的CMBS的年发行额，1985—2006年 单位：10亿美元

年份	发行额	年份	发行额
1985	0.6	1996	26.4
1986	1.6	1997	36.8
1987	2.6	1998	74.3
1988	2.9	1999	56.6
1989	4.8	2000	46.9
1990	4.1	2001	67.1
1991	7.6	2002	52.1
1992	13.9	2003	77.8
1993	16.9	2004	93.0
1994	15.4	2005	168.0
1995	15.7	2006	210.0

说明：数据中不包括Fannie Mae或Freddie Mac担保的商业房地产抵押贷款支持证券。

资料来源：*Commercial Mortgage Alert*.

第 8 章
资产支持证券

信用卡 ABS	汽车贷款 ABS
现金流结构	现金流结构
交易的关键指标	信用增级和信用评级
信用增级和信用评级	提前偿还
定价和交易	定价和交易

我们在第 1 章中曾经介绍过，狭义的资产支持证券主要由除住房抵押贷款和商业房地产抵押贷款之外的三类基础资产提供支持，即信用卡应收账款（credit card receivable）、汽车贷款和助学贷款。资产支持证券在 20 世纪 80 年代中期之后开始迅猛发展。本章首先介绍信用卡应收账款支持证券（credit card receivable-backed securities）（简称信用卡 ABS 或信用卡支持证券），并通过一个案例来说明信用卡 ABS 的

特点，比如不同类型的发行人、独特的现金流结构、账户组合分析、信用增级、评级结果的稳定性以及收益率差等情况。然后介绍汽车贷款 ABS，重点是分析汽车贷款 ABS 的提前偿还状况，这方面的分析与 RMBS 有所不同。学生贷款 ABS 在现金流结构、信用分析和信用增级等方面与 RMBS 类似。因此，为避免重复，对学生贷款 ABS 本章不作探讨。

信用卡ABS

信用卡 ABS 的现金流由成千上万消费者每个月偿还使用信用卡消费的款项构成。消费者（持卡人或账户，cardholder or account）用信用卡支付日常花销，可以理解成消费者每次用信用卡消费的时候，实际上是信用卡发行人向消费者发放了一笔短期无担保贷款。消费者需要在下一个月向发卡人偿还所花销的金额。这笔消费金额即为发卡人的应收账款（receivable）。信用卡应收账款的金额每月可大可小，每个消费者的情况也不尽相同。虽然单个信用卡账户的应收账款现金流在各月之间的波动幅度非常大，但许多信用卡账户集合在一起后加总现金流的波动程度要平缓很多，具备稳定现金流的特点，可作为基础现金流支持发行证券。

信用卡 ABS 与 RMBS 或 CMBS 在五个方面存在较大区别：(1) 信用卡消费贷款（或应收账款）是持卡人用于购买日常生活中的商品和服务，而非住宅或商业房地产；(2) 信用卡消费金额本身有大有小，但规模比起长期住房抵押贷款或商业房地产抵押贷款要小得多；(3) 信用卡应收账款不是以摊还的方式来偿付，但有最低还款额（minimum payment）的要求；(4) 每月尚未付清的余款部分，其利率比住房及商业贷款利率高出数倍；(5) 没有抵押品对信用卡应收账款的信用提供担保。如果应收账款遭受违约，它不会有损失收回的情况。

根据出售人/服务人的职能分类，信用卡 ABS 可以分成三类：银行卡（bank card）、商业机构卡（private label card）和签账卡（charge card）。顾名思义，银行卡由商业银行发行，其应收账款现金流来源于消费者使用具有循环额度的信用卡（如万事达卡和 Visa 卡）购买商品或服务。商业机构卡由零售企业（如西尔斯公司（Sears）或梅西百货（Macy's））发行，其应收账款仅仅是消费者向该零售企业购买商品或服务所产生的款项。签账卡可以由银行或者非银行金融机构（如发现者信用卡公司（Discover）和美国运通公司（American Express））发行，目的是方便消费者的消费、旅游、娱乐或商务活动。

现金流结构

信用卡交易通常以主体信托（master trust）的方式发行。按照主体信托方式，一笔交易通常会将全部信用卡应收账款分成多个部分，分别支持发行多个系列的信用卡支持证券（a series of multiple transactions），每个系列的信用卡循环额度（revolving principal amount）根据主体信托的总规模按比例分配。为发行信用卡支持证券，主体信托的总现金流被分成两个部分：投资者权益（investor interest）和出售人权益（seller interest）。在图 8—1 假设的例子中，主体信托的总应收账款本金余额远远超过 21 亿美元。该应收账款可以支持发行 4 笔信用卡 ABS 交易，每笔交易的总应收账款本金金额为 5.25 亿美元。其中，投资者权益部分为 5 亿美元；出售人最小权益为 0.25 亿美元。实际上，出售人权益远远不止 0.25 亿美元。超出 5.25 亿美元本金的所有不确定的金额均属于出售人权益。

该交易的现金流结构要求出售人至少保有 0.25 亿美元的份额，这样交易的本金金额不至于低于 5.25 亿美元。

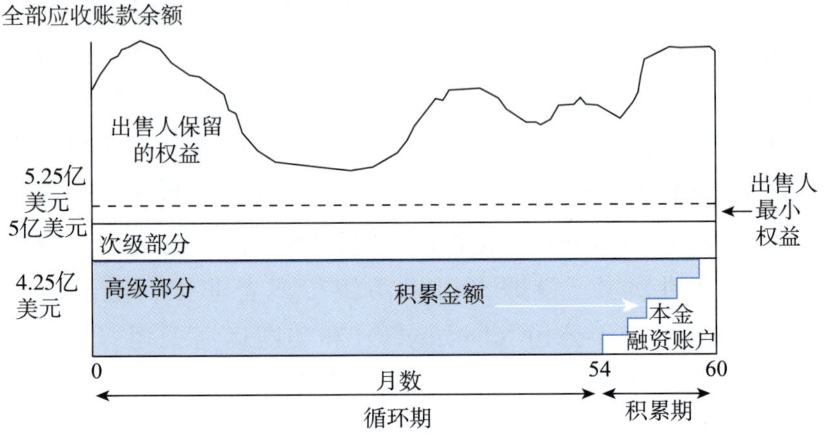

图 8—1　信用卡 ABS 的现金流结构图

出售人权益主要用于吸收交易总应收账款额每月出现的波动。如果应收账款余额下降，出售人权益部分的本金余额也相应下降；如果应收账款余额上升，出售人权益部分的本金余额也会上升。绝大部分主体信托结构中的出售人权益最少为初始应收账款本金的 4%～7%（上面的例子中，出售人权益为初始应收账款本金的 4.76%）。影响应收账款波动的因素有很多，其中包括季节性采购（如年底圣诞节期间应收账款额会显著提高，而年初应收账款额会显著降低）、商品退货和欺诈消费的退回。需要指出的是，承担欺诈消费成本的是出售人/服务人，而不是投资者。在后面章节有关信用增级的讨论中，我们将会论述出售人权益构成了一部分次级现金流，以提升投资者权益部分现金流的信用等级。

循环期和摊还期

信用卡 ABS 交易的期限可以分成两个部分——循环期

(revolving period) 和摊还期 (amortization period)。在图8—1的例子中，对于一笔期限为60个月的交易，前54个月是循环期，这期间仅向投资者支付利息，投资者按照计划不会获得证券本金的偿付。证券本金在剩余6个月的摊还期中进行集中偿还，在摊还期末，整个ABS交易清偿完毕。

在前54个月的循环期中，信用卡ABS交易看起来就像是一笔固定票面利率或浮动票面利率的定期债券。绝大多数信用卡ABS的票面利率为浮动利率，与LIBOR挂钩。在摊还期，证券的本金有两种偿还方式——控制积累式 (controlled accumulation) 和控制摊还式 (controlled amortization)。控制积累式指本金会被一次性偿还完毕；本金通过多次偿还完毕的则属于控制摊还式。

按照控制积累式的安排，现金流被积累起来，直至足以一次性还清全部本金。在上面的例子中，8 750万美元的现金流 (5.25亿美元的1/6) 被留存至本金融资账户 (principal funding account) 作为准备金 (reserve fund)。该准备金在最终向投资者偿还前还可投资于高评级的短期证券或货币市场产品。在最后6个月期限的末尾，当已经积累了5.25亿美元的时候，信用卡支持证券就被一次性清偿。如果按照控制摊还式的安排，投资者在这6个月中将每月获得等额的证券本金偿还 (8 750万美元，5.25亿美元的1/6)，直至最后清偿完毕。

交易的关键指标

由于为信用卡ABS交易提供支持的应收账款现金流来自成千上万的信用卡账户组合，其发行人不同，交易的现金流和信用表现也大不相同。一笔信用卡ABS交易的表现可以用一组指标来衡量。

账户组合收益率、拖欠率和损失率

从信用卡 ABS 交易的资产角度看，信用卡账户有多个收入来源。账户组合收益率（portfolio yield）的计算方法是：用信用卡账户组合的总收入除以应收账款本金余额，如表 8—1 所示。而账户总收入包括对应收账款收取的财务费用（finance charge，这种费用是一种利息收入而且利率非常高，通常达到 18%～20%，这也是为什么信用卡 ABS 对发行人极具吸引力的原因）加上从账户中收取的其他各种费用（最主要是年费），再减去冲销金额（charge-offs）（由持卡人违约造成）。持卡人拖欠还款超过 30 天即被看做最终违约。如果持卡人能够按照最低还款要求及时偿还部分欠款，即可避免被认定为违约，但未偿还部分需要交纳非常高的利息。衡量冲销的指标有两个，即拖欠率（delinquency rate）和损失率（loss rate）。拖欠率的计算方法是：拖欠金额除以应收账款本金余额；损失率则是指损失金额除以应收账款本金余额。此外，应收账款还会因为稀释（dilution）而减少，稀释不是损失，而是指商家因退货、再融资或欺诈假冒活动向持卡人退款。

表 8—1　　某信用卡 ABS 交易的关键表现指标

发行日	2005-01-15	2005-06-30	2006-01-31	2006-12-31
对照月份	2004-12-15	2005-05-30	2005-12-31	2006-11-30
余额(百万美元)	418.3	433.0	418.6	422.0
账户组合收益率(%)	18.2	17.6	18.0	17.9
偿付率(%)	15.8	16.7	17.1	17.4
冲销比率(%)	7.5	7.0	6.4	6.5
拖欠率(%)	5.4	5.0	4.5	4.5
加权基础费率(%)	4.0	3.7	4.3	4.6
超额利差(%)	6.7	6.9	7.3	6.8

偿付率和购买率

从现金流的角度看，持卡人有义务偿还通过信用卡支付的消费款项，还款情况对信用卡应收账款现金流而言最为重要，在账户组合中可以用偿付率（payment rate）指标对其进行衡量。偿付率衡量的是持卡人偿付其信用卡欠款的速度。偿付率受多个因素影响，包括每月最低还款额、经济环境、季节因素以及持卡人对其额度的循环使用程度等。持卡人在偿还欠款后还会进行新的消费，因此存在购买率（purchase rate）的概念。购买率衡量的是交易中应收账款余额的形成速度。

证券票面收益率和服务费率

从信用卡 ABS 交易的负债角度看，证券的偿付金额主要包括两部分——一部分支付给投资者；一部分支付给服务人。证券票面收益率（certificate rate，or coupon rate）表示向投资者（证券持有人）支付的年利息金额。由于服务人受托为账户组合提供服务，在交易中还需要向服务人支付服务费。如表 8—1 所示，证券票面收益率和服务费率构成了交易的基础费率（base rate）。基础费率远远小于账户组合收益率，因为还有其他几项重要的成本（如冲销和稀释成本）需要从账户组合收益率中扣除。

超额利差

信用卡 ABS 交易的最终信用表现取决于资产方的账户组合收益率超出负债方的基础费率的程度。账户组合收益率与基础费率之差即为超额利差（excess spread），这部分利差对整笔交易提供信用支持。图 8—2 假设一笔信用卡交易的账户组合收益率为 14.8%，浮动证券收益率与 LIBOR 挂钩（LIBOR+15 个基点），发行时的票面收益率为 2.05%；服务费率为 2%，损失率估计为 5.5%。从组合收益率中扣除所有的费用，该交易的超额利差则为 5.25%（=14.8%−2.05%−2%−5.5%）。

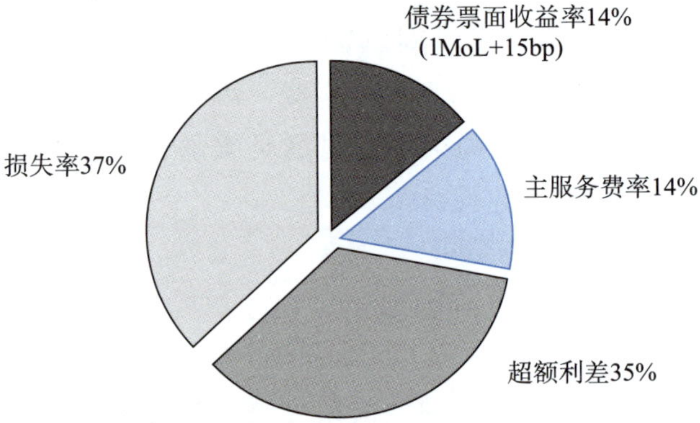

债券票面收益率:	2.05%
主服务费率:	2.00%
超额利差:	5.25%
损失率:	5.50%
账户组合收益率:	14.80%

图 8—2　超额利差：浮动利率交易（假设）

信用增级和信用评级

信用增级

信用卡 ABS 交易主要通过自我保险的方法获得不同程度的信用增级。也就是说，信用卡 ABS 信用增级所用到的现金流来自信用卡应收账款本身，而非第三方担保机构。

对于绝大多数信用卡 ABS 交易，信用增级主要是通过次级现金流来实现，有些情况下还会包括现金。次级现金流包括超额利差和低档证券。在前例 5.25 亿美元的交易中，投资者权益部分为 5 亿美元，其中 4.25 亿美元为 A 档证券（总现金流的 85%），这部分属于 AAA 信用评级的高级证券。该信用评级受到了 0.75 亿美元（总现金流的 15%）的低档现金流的支撑。而低档现金流可再分割为 0.25 亿美元 A 信用评级的 B 档现金流（总现金流的 5%）和 0.5 亿美元 BBB 信用评级的 C 档现金流（总现金流的 10%）。最后还有超额利差对 A、B 及 C 档证券进行信用支持。

在许多交易中，BBB 信用评级的 C 档现金流可以是一个担保投资账户（collateral investment account，CIA），通常提供信用增级服务的传统银行会要求设立担保投资账户。如果有现金的话，通常存入现金担保账户（cash collateral account），用于支持 A 档和 B 档现金流以及一个利差账户，利差账户则用于支持 C 档现金流。现金担保账户通常在证券发行结束时注入足额资金。而利差账户在证券发行时可能就可以获得充分注资，也可能仅获得了部分资金，甚至没有资金。如果利差账户在发行时资金不足，就需要额外注入资金，这部分资金来源于超额利差。如果超额利差没有达到预先设定的水平，通常还需要有其他的资金来源。

信用增级所需的资金规模取决于多个因素，包括出售人/服务人管理其信用卡业务的能力、抵押品的表现（如违约、拖欠、账户组合收益率以及偿付率）和交易的结构。一笔交易产生的超额利差可以由同一个主体信托人发行的多个系列的信用卡支持证券分享。投资者没有用到的超额利差资金可以注入利差账户，或是向信用增级提供方支付费用，或是退回给出售人/服务人。

信用卡 ABS 交易的信用状况还会因一些结构性保障措施而得到提升，结构性保障措施要求，当出现特定的不利情形（触发事件）时，证券本金要尽早偿付。触发事件可以是针对特定证券的，也可以是针对主体信托人的，具体可能会包括信用增级程度不足、超额利差不足（三个月平均为负）、出售人权益不足（没能增加应收账款规模或者没能按时进行偿付）或者月偿付率不足。能够触发本金偿还的事件还包括出售人违约、破产或者是偿付和担保方面出现违规问题等等。与单个信用卡 ABS 证券相关的触发事件仅仅会造成受影响的证券提早偿还，而与主体信托人相关的触发事件则会导致该主体信托人发行的所有信用卡 ABS 证券都提早偿还。

信用评级

具体需要什么程度的信用增级措施取决于多个因素。一般来说，评级机构会为发行人确定一个基础情形（base case）或一个稳定状态（steady state scenario）。在该基础情形或稳定状态下，对账户组合收益率、违约、偿付率和购买率作出预期。基础情形确定之后，信用评级机构就会对这些指标施加压力，以确定达到 AAA、A 和 BBB 信用评级分别所需的合适的信用增级水平。

在发行信用卡 ABS 的时候，发行人在开始构造现金流结构时，会对衡量账户组合表现的关键指标进行压力测试（stress test），以确定一个盈亏平衡的损失率（break even loss rate），确保信用卡 ABS 可以在最低档证券不损失任何利息和本金的情况下完全履约。下面的假设条件为压力测试的一个例子，是根据需要达到的不同级别的信用评级，假设衡量交易表现的各个指标在证券发行后会出现不同程度的恶化（degree of deterioration）。

- 超额利差从第一个月开始为负
- 收益率在第一个月处于最差情形
- 损失在 12 个月中处于最差情形
- 服务费在第一个月处于最差情形
- 债券票面收益率在 4 个月中处于最差情形
- 偿付率在第一个月处于最差情形
- 购买率在第一个月处于最差情形

迄今为止，公开发行的投资级信用卡 ABS 还没有出现过损失本金的情况。不过，由于出售人/服务人出现偿付能力不足，有过几例本金早于预期偿还的情况。此外，有几例交易在一个月的收集期（collection period）中出现了超额利差为负的情况，不过它们最终都确保了 3 个月的平均超额利差为正。如果 3 个月的平均超额利差为负，就会导致提早清偿的情况（early payout event）。

根据标准普尔对信用卡支持证券评级变动情况的研究，信用卡 ABS 的评级非常稳定，降级情况极其少见。2004 年，全部 ABS 交易中共有 472 笔出现降级，其中信用卡 ABS 仅占 2 例。在 64 笔评级调升的 ABS 交易中，有 13 笔是信用卡 ABS 交易。从评级调整率看，98.6%的信用卡支持证券的评级未发生变动，1.2%出现升级，只有 0.2%被降级。2005 年，ABS 交易的整体信用表现提高，信用卡 ABS 交易的表现更是出众。在所有 68 例 ABS 降级交易中，没有一例是信用卡 ABS 交易。在 177 例升级交易中，有 1 例是信用卡 ABS 交易。其稳定率、升级率和降级率分别达到了 97.68%、2.32%和 0。

定价和交易

信用卡ABS是ABS市场中最为稳定、流动性最强的产品。信用卡目前已成为消费者支付花销和消费融资最常见的方式。尽管信用卡行业的竞争压力越来越大，但行业中的佼佼者始终表现出能够及时调整战略，应对消费者信用质量中存在的瑕疵。此外，信用卡ABS的交易结构为投资者防范投资出现损失提供了完全充足的保障。

信用卡支持证券市场能够保持稳定的另一个原因是，拥有广泛的投资者基础。证券发行人在开发产品方面有着充分的灵活性，足以吸引各类投资者。他们能够设计出复杂的交易结构，按照国债收益率曲线的形状发行固定利率或浮动利率证券，满足不同投资者的需求。在2006年，获得AAA评级，平均寿命为2年、3年和5年的信用卡支持证券的收益率在1个月LIBOR上下波动，甚至会低1～2个基点。平均寿命为5年的A级和BBB级信用卡支持证券，其收益率差略大，分别比1个月LIBOR高15和30个基点。

信用卡ABS的交易结构清晰明了，使之与企业债收益率差之间进行对比相对容易。实际上，信用卡交易近来的收益率差变动与AA级金融债和银行债非常接近。

AAA级的A档信用卡ABS是理想的投资产品，既能提供流动性，也能保证相对稳定的信用表现。档次略低的A级B档证券同样也能够满足那些既关注流动性又关注信用表现的投资者的需求。尽管B档证券的流动性和表现稳定性略逊于A档证券，但它和A档证券之间的收益率差实际上非常小。

汽车贷款ABS

汽车贷款和信用卡应收账款一样，在房屋权益贷款近年来获得迅猛发展之前，都是 ABS 的主要抵押资产类型。汽车贷款的特点与住房抵押贷款相似，有着固定利率、固定期限和贷款摊还计划。不过汽车贷款的贷款金额远远小于住房抵押贷款，期限也要短得多，但与住房抵押贷款一样，也存在提前偿还情况。汽车贷款的违约率较高，而且违约后的损失收回甚为微小。下面将论述汽车贷款 ABS 的发行人类型、基础资产、现金流结构、信用增级、信用评级和提前偿还等问题。

和信用卡 ABS 一样，汽车贷款 ABS（auto ABS）也有三类主要的发行人：（1）国内自营优质发行人（domestic captive prime issuers），如福特和通用汽车所属的汽车金融公司；（2）国外自营发行人（foreign captive issuers），如日本、韩国和欧洲汽车厂商所属的汽车金融公司；（3）非优质发行人（none-prime issuers）和低质发行人（subprime issuers）贷款支持证券发行人，如 Household 和 AmeriCredit 所属的汽车金融公司。

就基础资产而言，汽车贷款主要有三种类型：零售汽车贷款（由国内外汽车厂商所属的汽车金融公司或低质汽车贷款支持证券的发行人发放）、对汽车零售商（automobile dealer）的批发融资贷款（floorplan transaction）和汽车租赁的应收账款。

现金流结构

和典型的资产证券化交易一样，汽车贷款 ABS 的现金流结构也被进一步细分为高级档和次级档。根据发行主体的类型，高级档证券和次级档证券的本金偿付有两种不同的安排——按优先次序支付（sequential）和并行支付（pro rata）。

对于零售汽车贷款，高级档证券绝大多数按照优先次序偿付本金。为支持高级档证券的信用，基础抵押资产产生的现金流将被先用于支付高级档证券。在高级档证券中，档次和评级最高的证券将最先获得偿付，其次是下一级的高档证券。这种现金流安排是通过所有者信托（owner trust）的安排实现的。这种结构既可以保持现金流的灵活性，同时又允许进行期限分层，因此高档证券可以有不同的到期期限（平均寿命）。此外，出于税收方面的考虑，所有者信托被构造成合伙制（partnership）的结构。在该信托下发行的高级证券属于信托负债，次级档证券则属于在信托资产中的权益。权益部分的最小金额为交易金额的2%～5%左右。

汽车贷款ABS交易也可以按照授予人信托的方式来发行。但授予人信托属于虚设实体，目的是为了避免实体层面存在的税收问题。这种安排要求并行支付高级档证券和次级档证券的本金。在这样的现金流结构下，从基础贷款中收取的本金用于支付两档证券的本金，利息也被用于支付两档证券的利息。相比之下，授予人信托结构的运用远远少于所有者信托结构。

信用增级和信用评级

信用增级

汽车贷款ABS通常也有三种信用增级方法为高档证券

提供信用支持，分别是内部本金现金流、内部利息现金流和外部信用增级方法。内部本金现金流来源于现金准备金账户（cash reserve account）、次级档现金流和超额抵押。和信用卡 ABS 的做法一样，汽车贷款 ABS 中基础贷款产生的利息现金流与高级档证券利息之间的差额属于超额利差，构成了内部利息现金流，对高级档证券提供信用支持。

外部信用增级方法包括通过商业银行开立信用证和从债券保险公司获得保险。债券保险公司通常拥有 AAA 级信用评级，所以它们能够将高级档证券的信用水平提升至 AAA 级。非优质和低质汽车贷款支持证券发行人常常会通过债券保险公司（bond insurance company）进行信用增级。在极少见的情况下，也可以通过信用保险（credit insurance policy）的方式进行信用增级。

信用评级

我们曾经提及，汽车贷款 ABS 和信用卡 ABS 是两类表现最好的证券化资产类别。2004 年，在 472 笔评级下调的 ABS 交易中，没有一笔是汽车贷款 ABS。更令人吃惊的是，在 64 笔评级上调的 ABS 交易中，汽车贷款 ABS 交易就有 48 笔，占 75%。2005 年，在全部 177 笔评级上调的 ABS 交易中，汽车贷款 ABS 占到 74 笔，而在 68 个下调的评级中，只有一个是汽车贷款 ABS 交易。汽车贷款 ABS 交易的稳定率、升级率和降级率分别为 88.1%、11.75%和 0.16%。汽车贷款 ABS 评级获得调升的一个重要原因是，采用了按优先顺序支付的信用增级机制。在这种机制下，高级档证券的本金会因偿付逐渐递减，但次级档现金流规模未发生变动，因此所提供的信用增级力度会相应增加。

提前偿还

如果借款人在汽车贷款到期之前将车出售，就会出现提前偿还贷款的情况。但和住房抵押贷款不同，汽车贷款的提前偿还情况并不经常发生，因为借款人在这么短的贷款期限内将车出售的可能性不大。更重要的是，汽车贷款的借款人很少会因为汽车贷款市场利率的下降而对贷款进行再融资。不过，在零利率融资的促销时期（由于竞争激烈，美国的汽车厂商近年来常常推出第一、二年零利率的促销措施），还会不时出现集中提前偿还的现象。我们曾提到过，再融资是住房抵押贷款提前偿还最重要的原因。而对于汽车贷款ABS，贷款到期前汽车出售的可能性较低，转卖和再融资的情况少见，因此汽车贷款提前偿还的不确定性会大大降低。大部分的提前偿还是由于违约的原因，这种情况下贷款人会收回汽车，以保全贷款。对于实际发生的提前偿还情况，一般用每个月提前偿还的贷款数量作为衡量指标。该指标计算的是绝对偿付额（absolute paydown）占初始交易金额的比重。这种衡量方法与住房抵押贷款不同，后者衡量的是占剩余本金余额的比例。

通常，优质汽车贷款ABS交易的提前偿还速度约为1.5%ABS，非优质交易的提前偿还速度在1.6%～1.8%之间。对比来看，对于一笔第一个月有1.5%ABS的汽车贷款ABS交易，与之相应的MBS也会有1.5%SMM。然而到第10个月的时候，1.5%ABS将等同于1.7%SMM。更为突出的是，到第30个月的时候，1.5%ABS实质上将等同于2.6%SMM。

定价和交易

和信用卡应收账款一样，汽车贷款是一种非常适合证券化的资产类别，其贷款规模大，评级稳定。2006 年，平均寿命为 2 年和 3 年的 AAA 级汽车贷款支持证券的收益率差分别为 1 个月 LIBOR 加 2～5 个基点。

第9章
债务抵押债券

基本概念和市场发展

CDO 的各种结构类型

发行的动因及投资的好处

信用评级

标准普尔 CDO Evaluator

定价和交易

资产证券化的主要产品定价和交易总结

在前面的各章中，我们讨论了以住房抵押贷款、商业房地产抵押贷款和消费贷款为基础资产的资产证券化产品。贷款发放人通过设立特殊目的实体（SPV）——向投资者发行证券的方式进行融资，从而实现将基础资产现金流出售的目的。在资产证券化交易中，SPV 只是一个空壳，基础抵押资产池是其唯一资产，所发行的资产证券化产品是其唯一负债。该特殊目的实体不具备实际的管理职能，不对基础资产进行主动管理，只对基础资产产生的现金流进行处理，以实现期限和评级分割的目的。受托人任命的服务人负责收集基础资产现金流，并将其转付给投资者。

随着资产证券化的发展，市场上出现了更具创新性的产品——债务抵押债券（CDO）。CDO 与上述资产证券化产品的主要区别在于，基础资产的管理模式和资产类型不同。CDO 交易中，发起人能够对基础资产进行实质性管理，其基础资产的类型不仅与 RMBS，CMBS 和 ABS 大不相同，而且不同的 CDO 产品之间也存在很大差异。在 CDO 交易中，发起人同样会设立 SPV，并由 SPV 负责向投资者发行 CDO 产品。本章首先介绍 CDO 的基本概念和类型，然后分析 CDO 的优点和信用评级，最后探讨 CDO 的定价和交易。

基本概念和市场发展

债务抵押债券是一个统称，具体包括两种不同类型的资产证券化产品——贷款抵押债券（CLO）和债务抵押债券（CDO）。贷款抵押债券通常是商业银行采用的融资工具。商业银行通过设立一个表外的单一目标 SPV，向投资者发行受益票据（beneficiary notes，简称票据）凭证，以此为银行的商业和工业贷款（“C&I” loans，简称工商贷款）融资。作为基础资产的工商贷款的现金流用于偿还受益票据的本金和利息。债务抵押债券则是专业的资金管理人（money manager）使用的融资工具。资金管理人在债券市场上购入一组担保或无担保企业债，或者其他债务工具（如资产证券化产品、市政债券和项目融资债券），并通过设立 SPV 向投资者发行票据的方式获得购买债务工具所需的资金。从投资的角度看，不管是CLO还是CBO，都和RMBS，CMBS以及信用卡或汽车贷款支持证券没有区别，都属于资本市场上的直接融资工具，都是联系资金需求者和资金供给者的纽带。

随着基础的资产证券化业务在20世纪90年代的迅猛发展，资产证券化的法律和会计制度、金融技术和投资者基础有了相当程度的发展与完善。运用CDO进行融资以发放大额工商贷款和购买各种类型金融资产的做法，对银行和资金管理人变得越来越有吸引力。

下面通过一个例子介绍CDO的结构。假设发起人（一家专业的资金管理人）设立了一个SPV，向投资者发行受益票据，并将获得的资金用于购买企业债。该票据被构造成四个信用档次——票据A、B、C和D。四只票据的本金分别为2亿美元、1.5亿美元、1亿美元和5 000万美元，所以SPV共筹集到5亿美元用于投资企业债。票据的信用档次从A到D逐渐降低。票据A的信用评级最高、信用风险最低，所以根据风险收益匹配的原则，票据A的收益率最低。相反，票据D的信用评级最低、信用风险最高，因此收益率也最高。作为基础资产的企业债如果出现任何违约，票据D的投资者（通常也被称做CDO的权益投资者（equity investor））将承担损失，以保护高级票据的投资者。

在CDO交易的资产方面，假设发行票据筹集到的资金被投资于50个不同企业发行的50只企业债券，每只债券投资1 000万美元。（在CDO分析中，通常把一家企业通俗地称做1个信用单位（a credit），因此上述CDO产品的基础资产中包含50个信用单位。）为简单起见，我们在例子中将设立SPV和购买债券的相关费用忽略不计。假设所有的债券均为10年期限，如果这些债券不出现违约，CDO的投资者将在该CDO产品发行10年后收回投资。显然，如果债券出现违约，至少票据D的投资者会无法收回全部的本金。

CDO 不是基金

上面的描述可能会给人留下这种印象，即 CDO 非常类似于基金。而基金管理人就是通过发行基金所持资产的权益份额来进行融资，并将筹集到的资金投资于企业债券或其他金融产品的。但 CDO 和基金存在本质的区别——CDO 在出售给投资者的时候，其现金流被进行了信用分割。上述例子中的票据 A、B、C 和 D 不仅信用评级不同，风险收益特征也不同。这些票据的投资者对投资的信用风险容忍度（risk tolerance）也不同。相比之下，基金资产的现金流没有分割成不同的信用等级。所有投资者对基金资产承担着同等程度的风险。因此，CDO 中高档票据获得的信用保障使得其对稳健型投资者的吸引力远远大于基金。当然，如果 CDO 的基础资产非常脆弱，那么即使是最高信用等级的票据也会面临违约和损失。但即便出现了大规模的违约，票据 A 的投资者承受的损失仍然比基金的投资者小得多。

CDO 这种信用分割的特点使其能迎合不同类型投资者的需求，因此，在融资方面具备很高的效率，加之高信用等级票据的投资者可以获得极高程度的信用保障，以至 CDO 产品近年来受到越来越多投资者的欢迎。1997 年，CDO 在美国市场的年发行额只有 240 亿美元，如表 9—1 所示；1998 年发行额翻了一番；1999 年和 2000 年又分别增长了 25%和 20%，2000 年达到 670 亿美元；2001—2003 年，由于美国经济不景气，利率不断下降，CDO 几乎没有什么增长。但当经济在 2004 年复苏、利率开始上升的时候，融资需求大规模增加，CDO 的发行又变得非常活跃。CDO 在当年的发行额达到 990 亿美元；2005 年翻番至 1 860 亿美元；2006 年又增长了将近一倍，达到 3 320 亿美元。

表 9—1　　美国的 CDO 年发行额，1997—2006 年　　单位：10 亿美元

年份	发行额	年份	发行额
1997	24	2002	53
1998	46	2003	55
1999	56	2004	99
2000	67	2005	186
2001	53	2006	332

资料来源：Merrill Lynch.

CDO 的各种结构类型

市场上的 CDO 类型很多，分类的依据通常是交易结构、基础资产的交易限制（underlying asset trading restriction，虽然发起人会对基础资产进行主动管理，但资产管理人在管理资产时仍要遵循一些确保资金安全的原则）和发行 CDO 的动因。根据结构的不同，CDO 可以分为四类——现金流 CDO（cash flow CDO）、合成 CDO（synthetic CDO）、市价 CDO（market value CDO）和混合 CDO（hybrid CDO）。

现金流 CDO

现金流 CDO 的交易结构如下：发起人或基础抵押资产管理人通过 SPV 一方面购买贷款、债券等基础资产；一方面向投资者发行票据，为购买这些资产进行融资。这种结构与我们列举过的例子相同。不同之处在于，CDO 交易中设置有抵押资产管理人（collateral manager），这是一个专业的资金管理人，同时也作为发起人设立发行 CDO 的 SPV。抵押资产管理人向 SPV 的托管人报告抵押资产的管理情况。

具体的交易流程如图 9—1 所示，抵押资产管理人设立 SPV，SPV 收购贷款或债券资产包作为基础资产，并交由基础资产管理人管理；另一方面，SPV 向投资者发行 CDO，为收购贷款和债券进行融资。在上面的例子中，票据被构造为 A、B、C 和 D 四个信用等级。实际上 CDO 的信用分割方法还有很多，划分的层级也可多可少。在上面的例子中，票据 A 属于最高级的档次，拥有最高的信用评级。票据 D 属于最低的档次，信用评级最低。在实际操作中，最低档次的票据通常属于权益档次，最先用于吸收基础资产发生的损失，这种损失常常也被称做最初损失。

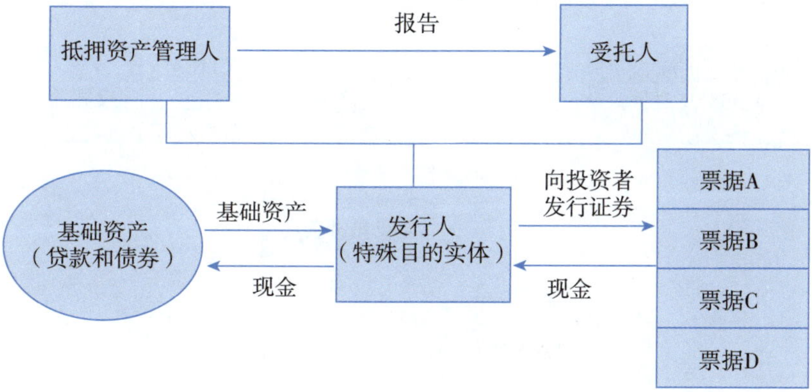

图 9—1　CDO 交易的现金流结构

合成 CDO

合成 CDO 的主要作用在于帮助发起人进行信用违约掉期交易（credit default swap）。顾名思义，信用违约掉期是指交易双方相互置换信用风险，实际上是一方（A 方）为另一方（B 方）的资产提供了信用违约保险。B 方为购买该违约保险，通常会根据被保险资产的本金额度向 A 方支付一定的保险费。在合成 CDO 交易中，A 方是信用保障的出售人，B 方则是信用保障的购买人。

如图 9—2 所示，发起人——也即购买信用保障的一方——将资产组合的信用风险转移给了 SPV，但发起人仍是这些资产的实际控制人。该资产组合被称做参照资产组合（referenced portfolio of assets）。SPV 负责寻找信用保障的出售人，办法就是向投资者发行信用联结票据（credit linked note，CLN）。信用联结票据的信用表现与上述资产组合挂钩，SPV 可以通过这种方式将资产组合的信用风险转移出去。投资者购买 SPV 发行的信用联结票据，实际上是向发起人出售对资产组合的信用保障。

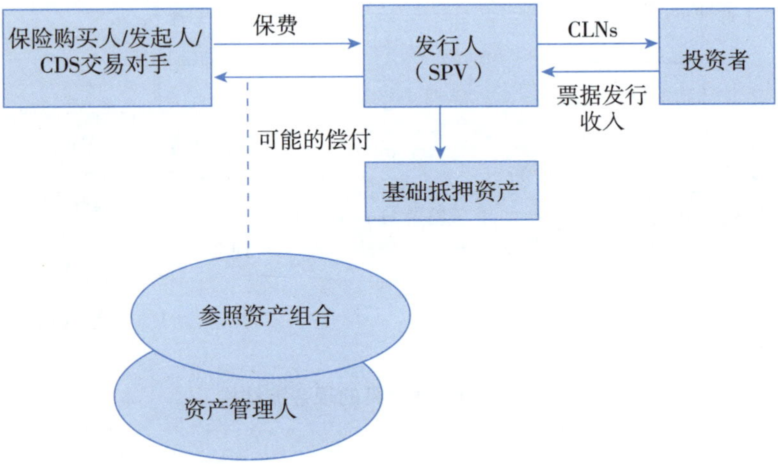

图 9—2　合成 CDO 交易的现金流结构

在上面的例子中，SPV 将筹集到的资金购买了 50 只企业债券，但在合成 CDO 中，SPV 会进行 50 笔信用违约掉期交易，每一笔的金额是 1 000 万美元，期限为 10 年。如果信用违约掉期交易中涉及任何公司违约，SPV 必须向发起人每笔最高支付 1 000 万美元。SPV 持有的 5 亿美元相当于投资者预付的款项，用于在发起人遭遇违约时，按照事先的约定向发起人进行补偿。一旦对发起人进行补偿，SPV 在 CDO10 年后到期时必须偿还给投资者的钱相应就会减少。由于提供了信用保障，投资者在交易期间会定期收到发起人支付的保险费。信用违约掉期中的现金流被分割成不同的信用档次，票据 A 的投资者在交易中承担的信用风险最小。

市价 CDO 和混合 CDO

市价 CDO 在结构上类似于现金流 CDO。投资者投资于市价 CDO 的资金同样会用于购买基础资产。现金流 CDO 和市价 CDO 的区别在于，前者的基础资产以账面价值记账，后者以市价记账，这中间会产生溢价或折价。对于市价 CDO，管理人会密切关注基础资产的市场价值。如果资产的市场价值下滑，就必须被立即变卖，向投资者还款。混合 CDO 大致上可以看做现金流 CDO 和合成 CDO 的混合产品，现金流 CDO 部分的基础资产会被买断（purchased assets）；合成 CDO 部分的基础资产则会建立参照关系（referenced assets）。

发行的动因及投资的好处

不同结构的 CDO 的特点不同，发起人会根据各自的目的选择适合的产品结构。一般来说，发起人发行 CDO 的动因有三种——套利（arbitrage）、缓解资本金压力（capital relief）和风险管理（risk management）。

套　利

CDO 发起人通常是专业的资金管理人，对任何时候市场上各种固定收益证券的相对价值了如指掌并通晓各种金融技术。他们总是希望以尽可能低的成本购买到他们认为相对便宜的证券（能够带来相对高的收益率），以从中获利。而且，他们还能在管理资产的过程中收取管理费。事实上，管理的资产规模越大，就越容易获得规模经济效应（economy of scale），投入的时间和资源不会有大的增长，却能换来更多的管理费。在各种情况中，发行套利 CDO 是为了锁定利润或收取更多的资产组合管理费用。

缓解资本金压力

为了缓解资本压力而发行 CDO 的主要是银行。根据监管资本或风险调整资本的要求，银行可能会出现资本金不足的问题。银行发行 CDO 可以更有效率地管理资产负债表，获得更高的资本/资产比率（capital/asset ratio）。在交易中，与住房抵押贷款和商业房地产抵押贷款的操作类似，银行会将持有的工商业贷款出售，或者买入信用保障，以满足监管资本要求。

风险管理

风险管理和套利有时能起到相互补充的作用。有些资金管理人会与许多大的机构客户开展业务，为了把这些客户的风险降到最小，资金管理人通过 CDO 交易可以将违约风险转嫁给投资者。

投资的好处

有一点好处是有目共睹的，CDO 向投资者提供了种类繁多的投资机会。通常投资 CDO 是为了获得三方面的好处——收益率溢价（yield premium）、投资组合多样化（portfolio diversification）和调整风险/收益匹配（adjusting risk/reward profile）。这三种动机实际上有其内在联系。对低信用等级票据的投资者而言，收益率溢价的好处显而易见，这类票据的收益率高于 CDO 组合的平均收益率。对高风险证券有强烈偏好的投资者按照高风险高收益的原则能够从 CDO 中获得更多的回报。更重要的是，投资者是无法在债券市场中获得这么高的收益率的。从投资组合多样化的角度看，对 CDO 提供支持的是一个债务证券资产池，投资者投资 CDO 就相当于一下投资了多只证券，这样做的好处是，通过一笔投资就能将风险分散到多个债务证券上，而非 CDO 投资者要想实现相同的资产分散程度，必须在债券市场上购入多种债务证券。此外，投资合成 CDO 可以使投资者真正做到调整投资的信用风险，从而获得所需要的资产收益率。

信用评级

既然 CDO 与基金最根本的区别在于信用分割，CDO 的信用评级因此就变得非常关键。在前面的章节我们提到过，任何资产证券化的信用增级机制均是以基础资产池的预期违约率（anticipated default rate）和违约资产的收回情况为基础确定出来的。这里我们将简要地介绍标准普尔的 CDO 信用评级方法，该方法在 CDO 一问世即被开发出来，并一直在不断地改进和完善。

在对资产池进行信用评估的时候，有必要对资产的违约和收回历史情况有一个很好的了解。对企业债和 ABS 的评级调整、违约和收回情况，标准普尔有着20多年的历史统计数据，对CDO的评级正是建立在这一基础之上的。如表9—2所示，以这些统计数据为基础，标准普尔可以根据企业债和ABS的信用评级和剩余期限对其违约概率作出估计。ABS的评级调整通常比企业债要少一些，违约率也较低。一个可能的解释是，ABS相对较新，其出现的时间不如企业债长久。许多ABS基础资产的存续时间还不够长，还没来得及向世人展示其在一个完整的经济周期中的信用评级表现。对于所有的ABS产品，不同信用评级所暗含的违约概率均假设还有7年的平均寿命。

表9—2　　标准普尔CDO评级内含的违约概率（%）

证券	期限	AAA	AA	A	BBB	BB	B
ABS	全部	0.12	0.320	0.58	2.20	8.30	18.60
企业债	4年	0.03	0.14	0.30	1.71	8.57	20.48
企业债	7年	0.14	0.42	0.89	3.67	13.83	31.00
企业债	10年	0.36	0.87	1.78	5.88	18.26	38.15

资料来源：Standard & Poor's.

按照标准普尔的规定，一只债券只要有1美元的利息没有按时偿还，即被认定为违约。债券的信用评级即可反映出债券违约概率的大小。在期限相同的情况下，债券的信用评级越高，违约概率越低。如果信用评级相同，债券的剩余期限越短，违约概率越低。例如，在表9—2中，A级企业债在10年中的违约概率为1.78%，该比率要低于相同期限BBB级企业债5.88%的违约概率。但BBB级债券在4年内的违约概率却只有1.71%，这要比A级债券在10年剩余期限中的违约概率低。

不同档次CDO票据的信用评级在理论上与企业债类似，对CDO违约概率的分析也与企业债相同。对投资者而言，相同期限和评级的 CDO 和企业债在信用风险方面是没有区别的。比如两种产品的剩余期限均为 10 年、评级均为 BBB，投资者对内含违约概率的预期都应当为 6.08%。

再回想一下本章中那个规模为 5 亿美元、以企业债组合作为基础资产的 CDO 例子。为了对四个信用档次进行评级，必须对基础资产池的损失情况进行模拟，以获得各信用档次的违约概率。标准普尔开发出了名为 CDO Evaluator 的统计模型，用于模拟资产池的损失情况。

接下来我们将简要介绍标准普尔 CDO Evaluator 的概念和结构。但这里我们不妨先假设，模拟结果表明，该 CDO 产品在 10 年内损失超过 5 000 万美元的概率为 5.88%（对照表 9—2 可以看出，BBB 级债券在 10 年内违约的概率为 5.88%，所以可以按照 5 000 万美元划线）。把票据 D 设定为 5 000 万美元，用于吸收最先发生的5 000万美元损失。也就是说，损失超出票据 D 承受范围的概率是 5.88%。损失一旦超出票据 D 的规模，就需要票据 C 来接着承担。于是票据 C 出现损失的概率就是 5.88%。回想一下我们对违约的定义，有 1 美元的损失即被认定为违约，所以票据 C 在 10 年内违约的概率为 5.88%。再对照表 9—2，票据 C 的信用表现与 BBB 级债券相当。这种信用分割方式能够使票据 C 获得 BBB 信用评级。依此类推，如果 CDO Evaluator 的模拟结果显示该 CDO 产品在 10 年内有 1.78%的概率损失 1.5 亿美元以上的投资，即可把票据 C 设定为 1 亿美元，票据 D 加票据 C 有 1.5 亿美元规模。这样损失危及票据 B（超过票据 D 和票据 C1.5 亿美元的承受能力）的概率为 1.78%，对照概率表可以看出，票据 B 能够获得 A 评级。同样，如果该 CDO 产品有 0.36%的概率在 10 年内损失 3 亿美元以上的投资，可以把票据 B 设定为 1.5 亿美元的本金，这样票据 A 的 2 亿美元本金将可获得 AAA 评级。

标准普尔CDO Evaluator

标准普尔 CDO Evaluator 是一个信用评级模型，运用蒙特卡罗统计模型（Monte Carlo statistical model）评估作为 CDO 基础资产的企业债券组合（或任何其他固定收益债权证券）的信用质量。蒙特卡罗模型是对组合中违约或不违约债券进行无数次不同组合的模拟（simulation）。违约测试则建立在每只债券的历史违约率基础之上。模拟结果给出了债券组合作为一个整体的潜在违约率的概率分布（probability distribution of potential default rate），并给出了在每个信用评级水平上该组合的模拟违约率（scenario default rate，SDR）。其中，资产组合违约率的计算方法是：用全部违约债券金额除以资产组合的全部本金金额。（需要指出的是，该模拟方法考虑到了资产池中违约债券的违约相关性（correlation），这里不作进一步的展开。考虑到相关性之后，较高信用评级对应的模拟违约率比没有考虑相关性时高得多。）

通过模拟得出的违约率的概率分布描述了违约概率和资产组合违约率之间的关联关系。图 9—3 所示的柱状图（histogram）是一个债券资产池违约率的概率分布的例子，该资产池高度分散，其中的 50 只债券均为 BB 级评级、10 年期限和 1 000 万美元本金。（之所以是柱状图，是因为仅对资产池中的违约债券进行了十几次模拟组合。如果模拟次数足够多，柱状图就会变成平滑的概率分布曲线（probability distribution curve）。）

蒙特卡罗模拟表明，资产池中 24%的资产（50 只债券中的 12 只）有大约 5.88%的概率会在 10 年中违约（也就是说，柱状图中资产池违约率大于 24%的部分的面积之和为

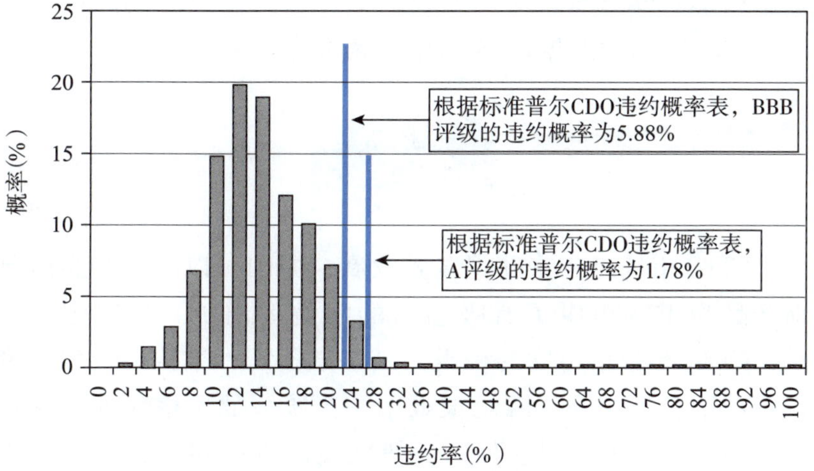

图 9—3　某资产池违约率的概率分布

5.88%）。柱状图还显示，资产池中 28% 的资产有不到 1.78%的概率会出现违约（28%的资产违约率显然要高于 24%的违约率，因此发生的可能性相对较低）。

在得出给定资产池违约率的概率分布之后，可以计算出一系列模拟违约率。通过这些模拟违约率，可以给每个信用评级确定一个违约率，获得该评级的 CDO 票据必须能够在标准普尔评级标准设定的不同现金流情形下承受得了该违约率。根据上面的例子，CDO Evaluator 表明，信用评级为 A 时的模拟违约率为 28%，这是因为 A 级债券在 10 年内违约的概率为 1.78%，而根据模拟出的概率分布，违约率大于 28%的可能性为 1.78%，所以 A 评级对应的模拟违约率为 28%。这种情况下，如果把资产池现金流按 72%/28%的比例划分，72%的现金流即可获得 A 评级（不考虑费用等其他因素）。

每个档次的 CDO 票据要想获得标准普尔的信用评级，必须首先证明该档次的票据能够承受 CDO Evaluator 针对该信用评级预测出的资产池违约损失。模拟违约率加上资产池违约的相关系数（即考虑债券的违约相关性因素，会提高模拟违约率）以及债券的预期收回率，即可得出必要的信用增级要求和该档次票据最终能够获得的信用评级。

定价和交易

CDO 市场近年来获得蓬勃发展，原因可以归结为金融创新产品为市场提供了有吸引力的收益率溢价。我们曾经提及，CDO 有很多不同的种类，其基础资产、结构以及发行和投资动因各不相同。因此很难用一个统一的价格来代表它们在二级市场上的交易价格。一般来说，CDO 的交易收益率差显著大于传统的资产证券化产品，如 RMBS，CMBS 和 ABS。在各种类型的 CDO 中，受企业债券支持的 CDO 在交易时的收益率差会略高于那些受大额银行贷款支持的 CDO。收益率差之间之所以存在这些差异，很大程度上可能是出于信用评级变动的原因。我们曾提到，与企业债券的评级相比，传统的资产证券化产品的信用评级相对稳定。在资产证券化产品中，传统产品的信用评级也比 CDO 产品稳定。这是因为 CDO 的基础资产接受主动管理，导致其评级变动表现出与企业债券类似的特点。

在 2006 年，AAA 评级的 7 年期工商贷款支持 CDO 的交易价格大约为 3 个月 LIBOR 加 30 个基点。（在此要指出，CDO 的利率为浮动利率。）相比之下，同期的 AAA 级 7 年期企业债券支持 CDO 的交易收益率差略大，约为 35 个基点。同样，AA 评级 10 年期贷款支持 CDO 或债券支持 CDO 的交易价格分别为 3 个月 LIBOR 加 50 个基点和 55 个基点。A 级和 BBB 级贷款支持 CDO 的平均收益率差要大一些，分别为 3 个月 LIBOR 加 90 个基点和 190 个基点。BBB 级债券支持 CDO 的交易收益率差更大，平均为 3 个月 LIBOR 加 250 个基点。

资产证券化的主要产品定价和交易总结

至此，我们已分别讨论了资产证券化的主要产品以及它们的二级市场交易价格水平。现在我们对这些产品的相对价值作个对比，如表 9—3 所示。表 9—3 显示的是代表性 RMBS，CMBS，ABS 和 CDO 在 2006 年底的一般交易价格。

表 9—3　　不同资产证券化产品的收益率差，2006 年底

评级 / 期限（年）	RMBS		CMBS		ABS		CDO	
	AAA	A	AAA	BBB	AAA	BBB	AAA	BBB
2	105				−2			
3					−3			
5	120		84		−3	30		
7	129						30	250
10	135		86	125				

说明：1. 空格表示没有活跃的二级市场交易，因此没有一般性的报价。在很多情况中，没有活跃的二级市场是因为该产品没有大量的信用档次或期限档次。

2. RMBS 的国债收益率差偏大，是因为该产品需要对投资者的提前偿还风险作出补偿。如果这些收益率差就内含提前偿还选择权作出调整，它们将可能只比国债收益率高出几个基点，有时甚至会低于国债收益率。

3. CMBS 的国债收益率差相对 RMBS 是显著的较为实际。

4. ABS 的收益率差用信用卡 ABS 的 LIBOR 收益率差表示。

5. CDO 的收益率差用大额工商贷款支持 CDO 的 LIBOR 收益率差表示。

第 10 章 资产证券化在中国的发展

银行信贷资产证券化试点

企业资产证券化试点

资产证券化的优点和必要性

推动中国资产证券化发展的策略

对国内资产证券化发展的寄望

自从 20 世纪 90 年代后期以来，资产证券化在中国逐渐成为学者、业界人士和政府官员的关注焦点。但直到 2005 年，国内的资产证券化业务才正式进入实际操作阶段，中国人民银行选择了两家国有大型银行——中国建设银行和国家开发银行进行试点，发行资产证券化产品。这两个试点以银行贷款作为基础资产，分别发行了 RMBS 和信贷资产支持的 ABS。2006 年，国内还问世了一种以企业资产为支撑的证券化产品。这种企业资产证券化产品在交易数量和融资金额上甚至超越了银行发行的产品。这两类证券分别在银行间债券市场和交易所市场交易。

本章首先对银行信贷资产证券化和企业资产证券化进行回顾；然后分析资产证券化的优点及其在中国实施的必要性，并在此基础上探讨资产证券化在中国的发展策略；最后以对中国发展资产证券化的寄望作为全书的总结。

银行信贷资产证券化试点

资产证券化在中国的发端实际上可以追溯到 2003 年和 2004 年，不过当时的产品是在海外发行和交易，基础资产是国内银行的不良贷款。国内资产证券化正式起步于 2005 年 3 月，经国务院批准，中国人民银行、中国银行业监督管理委员会等各相关部门成立了信贷资产证券化试点工作协调小组，开始着手制定相关政策法规。2005 年 4 月 20 日，中国人民银行和中国银行业监督管理委员会发布《信贷资产证券化试点管理办法》，这是信贷资产证券化领域第一部全面的规章制度，是制定其他配套政策的基础；5 月 16 日，建设部发布《关于个人住房抵押贷款证券化涉及的抵押权变更登记有关问题的试行通知》；同日，财政部发布《信贷资产证券化试点会计处理规定》；6 月 13 日和 15 日，中国人民银行分别发布《资产支持证券信息披露规则》和《关于资产支持证券在银行间债券市场的登记、托管、交易和结算等有关事项的公告》；11 月 7 日，中国银行业监督管理委员会发布《金融机构信贷资产证券化试点监督管理办法》。上述政策法规的颁布，为国内开展资产证券化业务构建了必要的法律框架。

2005 年底，首批资产证券化产品正式推出。中国建设银行和国家开发银行分别发行了国内首只 RMBS 和 ABS 产品——“建元 2005-1 个人住房抵押贷款证券化信托”和“2005 年第一期开元信贷资产支持证券”。这两个开创性产品的发行是政府有关监管部门和行业专家通力协作的结果，在这一过程中他们解决了许多以前从未遇到过的法律以及现金流结构方面的问题。上述产品在中国通常被称做金融资产证券化产品，在银行间债券市场发行和交易（银行间债券市场是银行、非银行金融机构和企业参与的一个债券发行和交易市场）。

建元 2005 -1 个人住房抵押贷款证券化信托

2005 年 12 月 15 日，中国建设银行发行国内首只 RMBS 产品。该产品分为优先级和次级资产支持证券，优先级证券又包含 A、B、C 三个信用档次。中诚信国际信用评级有限责任公司分别对三档优先级证券给予了 AAA、A 和 BBB 的信用评级，如表 10—1 所示。次级资产支持证券（本金为 9 050 万元人民币，占发行余额的 3%）未获得评级，由中国建设银行自身持有，属于发起人自身持有的权益部分。优先级资产支持证券的票面利率为基准利率加相应级别的收益率差。其中，基准利率为中国外汇交易中心 7 天回购加权利率 20 个交易日的算术平均值，收益率差则在集中配售时予以确定。

表 10—1　中国建设银行 RMBS 现金流结构简介，2005 年 12 月　单位：元

证券	发行金额	发行利率	法定最终到期日	信用评级
A 级资产支持证券	2 669 764 500	浮动利率	2037 年 11 月 26 日	AAA
B 级资产支持证券	203 626 100	浮动利率	2037 年 11 月 26 日	A
C 级资产支持证券	52 791 900	浮动利率	2037 年 11 月 26 日	BBB
次级资产支持证券	90 500 638	N. A.	2037 年 11 月 26 日	N. R.

说明：N. A. 表示未获得数据；N. R. 表示没有评级。

资料来源：中国建设银行。

该交易的基础抵押资产池中包含15 162笔个人住房抵押贷款，本金余额为30.17亿元人民币。这些贷款按五级贷款分类标准，均为正常贷款。贷款的剩余期限在30年以下不等，剩余期限在5年以上20年以下的占了绝大部分。贷款的地域分布集中在上海、无锡、泉州、福州四个城市，其中上海集中了56.17%的贷款余额。

中国建设银行发行的RMBS的现金流结构在概念上类似于美国的多档转手证券。从图10—1和表10—2可以看出，中国建设银行将住房抵押贷款出售给一个受托机构（信托投资公司，相当于SPV），受托机构向中国建设银行支付转让信托财产的对价，这笔钱通过向投资者发行RMBS筹集。与在美国的做法一样，该交易中有服务人（由中国建设银行自己担任）、信托人和付款代理人。

表10—2　中国建设银行RMBS的交易结构图：交易主体和中介机构

发起机构	中国建设银行
受托机构和发行人	中信信托投资有限责任公司
贷款服务机构	中国建设银行
资金保管机构	中国工商银行
交易管理机构	汇丰银行
登记及支付代理机构	中央国债登记结算有限公司
安排人	中国建设银行
财务顾问	渣打银行
联合簿记管理人	中国建设银行/中国国际金融公司
法律顾问	金杜律师事务所/富尔德国际律师事务所/竞天律师事务所
评级公司	北京穆迪投资者服务有限公司/中诚信国际信用评级有限责任公司
会计顾问	德勤会计师事务所
税务顾问和独立审计师	毕马威会计师事务所

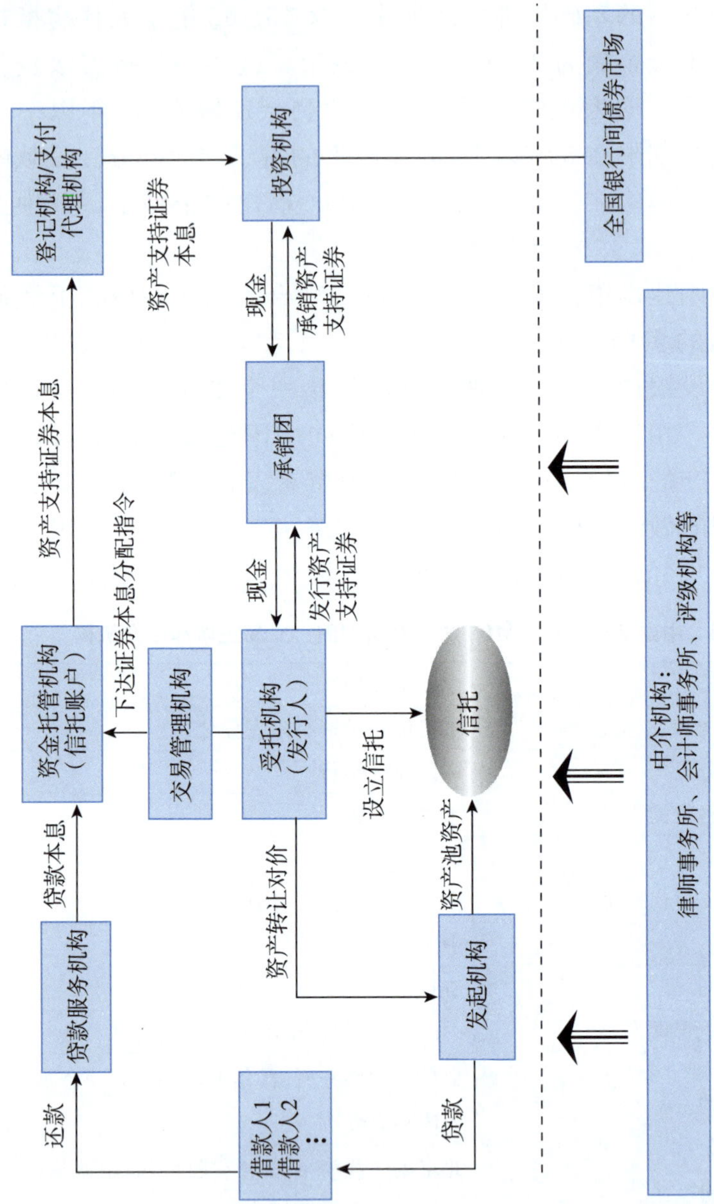

图10—1　中国建设银行RMBS的交易结构图

2005 年第一期开元信贷资产支持证券

2005 年 12 月 12—15 日，国家开发银行发行了国内首只 ABS。该证券同样包含优先级和次级资产支持证券。优先级证券又分为 A 档和 B 档，中诚信国际信用评级有限责任公司分别给予 AAA 和 A 信用评级。次级档证券未作评级。优先 A 档证券为固定票面利率，根据招标结果确定。优先 B 档证券采用浮动票面利率，由基准利率加收益率差构成。其中基准利率为 1 年期定期存款利率（2006 年 7 月 1 日和 2007 年 1 月 1 日为调息日），收益率差根据招标结果确定。

该交易的基础抵押资产为国家开发银行发放的工商业贷款，共计 51 笔，本金余额为 41.77 亿元人民币。涉及的行业包括电力、电信、铁路运输、医药等，分布在全国 18 个省、市和自治区。按照 5 级分类标准，84.36%的贷款为正常类贷款；15.64%的贷款属于关注类贷款。这些贷款普遍剩余期限较短，平均为 15 个月。

如图 10—2、表 10—3 和表 10—4 所示，除基础资产外，国家开发银行发行的 ABS 在结构上与中国建设银行发

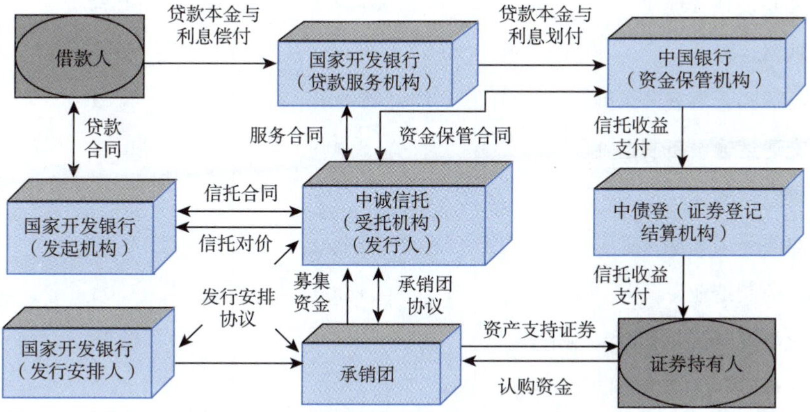

图 10—2 国家开发银行 ABS 的交易结构图

行的 RMBS 类似。值得指出的是，由于工商业贷款期限较短，所以开元一期 ABS 的期限只有一年半左右的时间，远远短于个人住房抵押贷款支持的建元一期 RMBS 30 多年的期限。

表 10—3　国家开发银行 ABS 现金流结构简介，2005 年 12 月　单位：万元

证券	发行金额	发行利率	证券到期日	信用评级
优先 A 档证券	292 408.90	固定利率	2007 年 7 月 1 日	AAA
优先 B 档证券	100 254.48	浮动利率	2007 年 7 月 1 日	A
次级档证券	25 063.62	N. A.	2007 年 7 月 1 日	N. R.
入池资产	国家开发银行发放的人民币公司贷款			
本金余额	2005 年 12 月 21 日的预期账面值为 417 727 万元			
发起/服务机构	国家开发银行			
受托机构	中诚信托投资有限责任公司			

表 10—4　国家开发银行 ABS 基础资产的行业分布，2005 年　单位：万元

行业	贷款金额	贷款金额占比（%）
电力、热力的生产和供应业	182 277	43.64
电信和其他信息传输服务业	82 000	19.63
公共设施管理业	61 500	14.72
铁路运输业	48 000	11.49
石油和天然气开采业	20 000	4.79
交通运输设备制造业	8 000	1.92
道路运输业	4 500	1.08
煤炭开采和洗选业	4 300	1.03
医药制造业	4 300	1.03
化学原料及化学制品制造业	2 850	0.68
合计	417 727	100.01

资料来源：国家开发银行。

企业资产证券化试点

2006年，一些国内企业也遵循开展资产证券化试点的精神，尝试将其未来的营运收入现金流进行证券化。为区别于银行信贷资产的证券化，这种对企业未来现金流收入的证券化交易被称做企业资产证券化。在实际操作中，企业资产证券化业务受中国证券监督管理委员会监管，产品在上海证券交易所和深圳证券交易所发行和交易。企业资产证券化对发行人最大的好处在于融资，其作用类似于发行企业债。但国内目前发行企业债还有种种限制条件，不仅需要多个部门的批准，且申请时间较长。发行企业资产证券化产品具有快捷的特点，此外，其融资成本也显著低于企业债和银行贷款。从投资人角度看，其收益显著高于其他投资方式。因此，企业资产证券化产品一出现就受到热烈欢迎，在2006年的试点期间，共有9家企业发行了企业资产证券化产品，募集资金总额超过250亿元人民币。

在试点的9只企业资产证券化产品中，发行人包括两家发电厂、一家高速公路经营企业、两个BOT项目、一家设备租赁企业、一家城市水处理工厂和两家移动电话运营企业。这些发行人出售的未来现金流包括电费收入、设备租金、水费和移动电话收入。下面我们以联通ABS项目为例介绍企业资产证券化的结构。

根据证券监督管理委员会颁布的《证券公司客户资产管理业务试行办法》，创新类证券公司可以通过设立专项资产管理计划，开展企业资产证券化业务。其结构是，证券公司设立专项资产管理计划（相当于SPV，但不具备法人资格），向投资者发行计划受益凭证（即资产支持证券），募得的资金用于向原始权益人（即企业）购买基础资产，并将该资产的未来收益分配给受益凭证持有人。企业通过出售未来现金流收入募得资金，从而实现资产证券化的目的。计划受益凭证在中国证券登记结算公司登记托管，并在交易所大宗交易平台上市交易。担保机构（银行或企业集团）对“基础资产能产生足够现金流还本付息”进行担保。

该交易的基础资产应是能产生未来现金流的可合法转让的财产权利。基础资产为收益权的，收益权的来源应合法且有独立、真实、稳定的现金流量历史记录，未来现金流量能够保持稳定或稳定增长的趋势并能够合理预测和评估；基础资产为债权的，有关交易行为应当真实、合法，预期收益金额能够基本确定。国内证券化业务初期，为减少操作的复杂性，提高监管部门和投资者的信心，选择证券化资产时还需考虑以下几个方面：没有合同限制资产权利的转让，如设定抵押、质押或限制向第三方转让权益；商业银行等机构可对资产现金流提供担保。

中国联通 CDMA 网络租赁费收益计划

中国联通 CDMA 网络租赁费收益计划（联通收益计划）是国内首例企业资产证券化试点项目。中国国际金融有限公司担任计划管理人，通过设立该计划向合格机构投资者定向发售计划份额（即资产支持证券），募得的资金用于向原始权益人（联通新时空）购买 CDMA 网络租赁费收益权。该计划的信用增级方式是由中国银行为该交易提供连带责任担保。联通收益计划前后一共 5 期，累计融资 93.59 亿元人民币，各期的预期收益率从 2.55%到 3.1%不等，期限在半年到一年左右，在上海证券交易所大宗交易系统交易。相比下浮 10%之后的银行同期优惠贷款利率，该交易能够为企业节省财务费用约 1.04 亿元人民币（已扣除所有费用）。

该交易的基础资产是未来特定季度的中国联通 CDMA 网络租赁费中不超过基础资产预期收益金额的收益权。根据《CDMA 网络容量租赁协议》，中国联通 CDMA 业务采取了租赁经营的方式，即由联通新时空负责 CDMA 网络的建设、维护，并承担所有的资本支出，联通运营实体向联通新时空租赁 CDMA 网络容量并经营业务。

资产证券化的优点和必要性

从上面的分析可以看出，资产证券化可以给发行人和投资者带来明显的收益。尤其是信贷资产证券化，它能够帮助银行有效控制资产的利率及信用（违约）风险，帮助银行转型，从高度依赖利差收益转型为获取服务收益。从融资角度看，资产证券化实质是帮助借款人从资本市场融资，拓宽企业和个人借款人的融资渠道，并降低消费者和企业的融资成本。从投资者角度看，资产证券化为市场提供了新的金融产品，拓宽了投资渠道。上述好处将表现为金融市场融资效率的提高，也必然会对经济增长和国民财富的积累起到积极的推动作用。针对中国金融市场目前的发展状况，资产证券化发展带来的好处还不仅限于此。具体说来，有以下几点。

促进商业银行转换经营模式

资产证券化是一种在资本市场上通过出售资产的未来现金流来筹集资金的机制。例如，一家银行一方面可以向消费者发放住房抵押贷款，一方面可以在资本市场上以证券的形式将刚刚发放的贷款出售给投资者。因为这些贷款将不再属于银行的资产，所以没有必要通过吸收存款为其筹集长期资金。这一过程中仅有短期的资金需求，即在贷款发放之后、出售之前，需要一笔周转资金。因此，证券化不需要长期资金，银行也无须再为吸收存款而进行激烈竞争。

一旦银行不再依靠吸收存款来发放贷款，它们就从存贷利差型银行转换成了发放收费型银行。（需要指出的是，我们所谈论的发放贷款只是银行诸多业务中的一种。当然银行还会通过吸收存款发放工商业贷款，而这类贷款通常不用于证券化。）对于存贷利差型银行业务，收入来源于贷款利息收入和存款利息成本之间的差额。而发放收费型银行业务则不同，收入来源于贷款发放费。只要贷款一经发放并不再面临利率风险，贷款发放费收入即可确认实现。一年之中，银行可以多次发放贷款并收取发放费，而利差收入则是在贷款存续期内按年获取，并一直面临利率风险。此外，贷款额度还受存款规模的限制。商业银行运用资产证券化的最终结果是，消费贷款通过银行在资本市场上获得了融资，而不是直接由银行以存款提供融资。

中国当前面临的一个情况是流动性过剩，银行缺乏将贷款提前变现的动力，导致了银行对资产证券化的热情不足。银行的考虑自然有其道理，但从银行业全局来看，又应该认识到资产证券化的紧迫性和重要性。中国绝大多数金融资产聚集在银行业，这一方面会导致风险过于集中，另一方面也会影响直接融资市场的发展，并产生信用风险包袱，导致银行业沉重的不良资产问题。进一步分析，间接融资和直接融资严重失衡的局面实际上有其内在的强化机制，直接金融市场不发达会使得全社会的资金过多地流向银行，而其引发的银行体系外资金不足又进一步限制了直接金融市场的发展。资产证券化恰恰是连通间接融资与直接融资的一种金融交易结构，其理论基础就是：在间接融资的基础上发展直接融资，间接融资不再对直接融资形成阻碍，且间接融资随时可转化为直接融资。因此资产证券化可视做提高中国金融市场效率、防范银行业信用、利率风险过高累积的破题之举。

即便流动性充足的银行，也应认识到资产证券化的重要性。中国银行业目前一个突出的风险就是资金运用（贷款）无法与资金来源（存款）做到期限和利率匹配。因此，即便银行不需要通过资产证券化获得流动性，也应考虑到资产证券化在资产负债管理方面的重要作用。例如，住房抵押贷款在各家银行普遍被视为优良资产，但在目前利息逐步上升的环境中，如有银行能够利用资产证券化技术开发出受借款人欢迎的固定利率住房抵押贷款，势必将在激烈的住房抵押贷款市场竞争中占得先机，并获得不菲的管理费收入。

归纳起来，资产证券化能够为中国的商业银行带来的好处包括：缓解银行的吸储压力；实现经营模式从存贷利差型银行向发放收费型银行转换；促使商业银行开发更多的金融产品；商业银行得以降低其利息成本，从而在金融服务方面更具竞争力。

资产证券化具有收缩流动性的效应

目前有一种看法认为，资产证券化交易的作用是出售信贷资产，增加银行流动性，因此流动性充裕的银行没有必要开展资产证券化业务。这种观点忽视了资产证券化作为一种先进的资产管理技术给银行管理水平带来的提升，更是错误理解了资产证券化对银行整体的影响效应。下面举例说明。

假设一国有 A、B 两家银行，A 银行将 10 亿元的信贷资产进行证券化交易，出售给投资者。A 银行资产负债表中资产方的变动为现金及其等价物增加 10 亿元，信贷资产减少 10 亿元。资产负债总额不变。假设投资者在 B 银行开立活期账户。投资者向A银行的付款行为则使会使B银行的资产及负债双双减少10亿元。总体看来，该国银行体系的资产及负债总规模均减少了10亿元。如果投资者是在A银行开设的活期账户，那么更简单，直接表现为A银行资产负债的双双减少。

但如果投资者的资金来源不是银行存款，而是流通中的现金或出售其他直接投资，就会起到抵消作用，银行资产负债的减少幅度将低于10亿元。但在目前中国的金融体系中，直接投资占投资者全部财富的比重并不高，货币银行学理论也告诉我们，一国流通中现金的比例不会轻易有大的改变。因此在当前环境中，投资者用于购买资产证券化产品的资金将大部分来源于银行储蓄，所以这种抵消效应不会很大。发行资产证券化产品也将主要表现为整个银行体系的资产负债规模减少。

因此，讨论资产证券化对银行的影响应该做宏观和微观的区分。从宏观层面看，整个银行体系的资产负债规模会减少。由于银行负债（活期存款）表现为货币供应量 $M2$ 的一部分，这也就意味着货币供应量会减少。但要注意的是，全社会的融资规模并未因此下降，只不过是从原来的间接融资变为直接融资而已，直接融资比例会因此上升。

从微观层面看，开展资产证券化业务的银行，其现金及现金等价物在总资产中的比例会增加，资产负债的总规模不变或者下降（一旦资产证券化广泛开展起来，在其他外在因素不变的条件下，势必每家银行都会出现资产负债减少的情况）。由于现金及现金等价物增加，该银行的货币创造能力增强（但其他银行的货币创造能力会降低），该银行将流动性差的资产转换为流动性强的资产，调整了资产配置，资产整体流动性提高，风险资产规模减小。

更重要的是，这种技术可以大幅度提升银行的资产管理水平。各种信贷资产不再是不可流动的，在必要的时候银行可以通过证券化将其出售，换回流动性。当银行体系缺乏流动性时，这种技术的重要性不言而喻。以此为基础，银行将具备更强的产品开发能力，如发放固定利率住房抵押贷款，并通过资产证券化将其出售。银行既可以在竞争激烈的房贷市场上占得先机，也可以获得不菲的服务费收入，并且不会承受信用、利率以及期限风险。

资产证券化对住房金融市场的影响

谈到资产证券化与银行的关系，另一个关系密切、意义重大的问题是，住房金融市场的发展与完善。资产证券化最初在美国起源于住房金融，目前是最主要的住房融资渠道。中国住房融资以银行贷款为主，目前被普遍看做是银行的优良资产，各家银行在争夺市场份额方面不遗余力。但住房抵押贷款并非没有风险。银行开展住房抵押贷款仅有十余年历史，大规模的增长不过发生在最近几年。这期间，利率水平处于历史性低点。随着利率的逐步上升，购房者对降低融资成本的要求会越来越强烈。银行出于利润原因，降低贷款利率的空间有限。固定利率贷款是一个不错的选择。但在利率上升时期，固定利率贷款会给银行带来利率风险，而在利率下降时期，购房者可能又会通过借新换旧的再融资方式同样将风险转嫁给银行。因此，银行必须寻求有效的风险化解途径。

随着购房者的规模不断扩大，加之住房关系到每个家庭的切身利益，住房市场对整体经济运行甚至社会稳定会产生越来越大的影响。这就要求住房金融市场必须能够向购房者提供低成本的融资方式。从发达国家的经验看，住房抵押贷款证券化是解决这一问题的有效办法。采用这种方式，购房者是从资本市场获得融资，首先，其成本要低于银行融资；其次，利率和期限风险可以由市场分散和化解。而资本市场一个最重要的功能就是对风险进行定价和交易，由市场分散风险的成本最低、效率最高。银行也能够在规避利率风险和期限风险之后收取不菲的服务费用。

资产证券化为银行发放固定利率住房抵押贷款创造了环境。对购房者而言，固定利率抵押贷款由于锁定了今后的分期还款（installment payment）金额，所以是消费者为购房进行长期融资的最佳方式。但目前银行却不愿意发放固定利率的住房抵押贷款，就是因为这种贷款的融资来源是短期的储蓄存款。为避免资金不匹配问题（借短贷长），防止存款利率较贷款利率变动更为频繁的情况出现，抵押贷款利率不得不跟随存款利率浮动。如果银行通过资产证券化为住房抵押贷款筹集资金，就不会面临这种期限匹配的限制了。因为发放抵押贷款没有用到储蓄存款，所以银行可以无风险地发放固定利率贷款并在资本市场上把它们出售给投资者（见第1～4章的讨论）。

资产证券化对资本市场的影响

中国资本市场近年来展开了多方面的改革，正处于不断现代化的过程中并取得了长足发展。除了积极的方面，中国资本市场还存在一些会影响市场发展的不利因素。目前，中国资本市场的一个突出问题就是，可投资金融产品供给不足。全社会绝大多数金融资产聚集在银行业，经济活动的融资方式主要以银行间接融资为主，而不是通过资本市场进行直接融资，资本市场上的金融产品无论是品种，还是规模都严重滞后于经济发展的需要，长期投资产品更是如此。此外，资本市场中债券市场较股票市场的发展更为滞后。债权类金融产品是一国金融市场的重要构成部分，尤其长期债券是投资者进行长期稳健投资的主要工具。缺乏债券产品，投资者将无法按照风险收益匹配的原则对其资产进行有效配置。这种直接融资和间接融资的严重失衡既会使得银行的信贷风险过于集中，产生大量不良资产，也会使得许多企业（特别是民营企业）在获得融资方面困难重重，更会使得广大投资者无法通过金融投资分享经济发展成果。全社会巨大的金融投资需求与极其有限的投资渠道之间的矛盾会给经济发展带来许多不稳定因素，不论是资本市场炒作之风盛行，还是非法金融活动屡禁不止，均可从中找到根源。通常养老基金和保险资金由于自身资产的长期性质，是资本市场上最重要的长期投资者。目前中国正着手改革养老保险体制，年金业务已破茧而出，保险业也处于高速发展中，相信今后养老基金和保险资产的规模会有令人吃惊的增长，对长期投资工具的需求也会急剧飙升。资本市场如果不能提供相应的投资产品，必然会影响到养老基金和保险资金的长期投资效益，甚至影响到行业的发展。开发出适合的投资产品，充分满足其投资需求是资本市场健康发展的根本动力，也是整体经济平稳运行的必然要求。

资产证券化正可以填补这方面的不足。首先，资产证券化能够提供高信用等级的投资产品。资产证券化产品的信用等级并不受发行人和基础资产的制约，通过信用增级技术，发行人能够发行高于自身信用等级和基础资产信用等级的产品，投资安全得以保障。其次，发行人可以对投资者量身定做投资产品。运用资产证券化技术，发行人能够对基础资产的现金流进行灵活分割，根据投资者需求发行不同期限、不同风险等级的产品，分别满足投资者不同的风险偏好需求。其核心要义就是，充分发挥资本市场对风险的定价能力，使投资者各取所需，做到风险与收益匹配。比如住房抵押贷款能够产生长期稳定的现金流，以之为基础发行的资产支持证券无疑就是非常恰当的长期投资工具。最后，资产证券化产品的发行更为便利。与普通债券不同，资产证券化是将基础资产的未来现金流提前变现，只要有合适的资产，即可进行证券化，因此适应范围更广，发行更为便利。

资产证券化的另一大作用是，推动直接融资市场的发展。资产证券化将金融资产移出银行的资产负债表，缩减了银行的信贷融资规模，有助于推动中国金融体系从银行间接融资向资本市场直接融资的转型。

资产证券化最大的作用在于为中国金融体系创造了多赢局面——资金需求者可以获得更低成本的融资；投资者，特别是寻求长期固定利率资产以匹配负债的养老基金和保险公司，可以获得长期的高品质投资产品；银行则可以实现经营模式的转换，降低资产负债的错配风险；扩大直接融资规模，推动金融市场结构改善，提高金融市场融资效率。

推动中国资产证券化发展的策略

尽管资产证券化在中国还处于非常初级的发展阶段，但已经表现出与资产证券化的发源地——美国——完全不同的特点。更突出的是，中国在一开始就出现了两种类型的资产证券化——金融资产证券化（银行信贷资产证券化）和企业资产证券化。这两类产品分别受不同的监管机构监管，在不同的债券市场上交易。从我们的分析亦可看出，两类产品的结构也有不同。之所以出现这种情况，与当前中国金融市场的现状密不可分。由于历史原因，国内的债券市场被分割为银行间债券市场和交易所市场。银行间市场的参与者以金融机构、大型工商企业等机构投资者为主，交易量大，成交活跃。中央银行的公开市场操作也在这个市场中进行。而交易所债券市场的投资者包含了除商业银行之外的其他投资者，这个市场的交易量和活跃程度相对不如前者。因此，当商业银行发行资产证券化产品时，自然会在银行间市场进行。而在试点期间，这个市场并没有向企业提供发行资产支持证券的渠道，于是企业选择了交易所市场进行资产证券化业务。从交易的结构设计看，国内的金融资产证券化在结构上非常接近美国的做法，但企业资产证券化业务在美国找不到可以对应的产品。在美国，与其最接近的业务也许是中期抵押借款。

美国当年推出资产证券化最大的动力来源于商业银行。银行出于提高流动性和满足大规模融资需求的目的，先是大刀阔斧地将现有的信贷资产以证券化的方式出售。随着市场的成熟和完善，银行发现，通过资产证券化方式满足借款人的融资需求不仅效率高，融资规模大，而且可以避免银行资产负债表无限膨胀带来的诸多风险。其结果就是，越来越多的银行以及提供类似信贷服务的金融机构开始在发放贷款的同时就以证券化的方式将其在资本市场出售，银行的角色越来越像是一个中介机构而非传统的接受储蓄发放贷款的机构。国内商业银行目前并无急迫的流动性需求，相反，近些年中国一直存在流动性过剩的忧虑。国内监管部门力推资产证券化是出于金融创新、丰富金融产品、提升商业银行资产负债管理水平的长远考虑。目前国内的资产证券化试点建立在银行已有资产的基础上，将来发展成熟之后，相信亦会出现发放贷款——证券化的一体化操作，尤其是国内诸多流动性不甚充裕、资本金实力有限的中小商业银行可能会对这种操作抱有更浓厚的兴趣。

完善相关法律制度

完善的法律制度是资产证券化发展的必要前提。资产证券化交易中的SPV、真实出售、破产隔离等重要核心环节均须得到法律的支持。此外，免税和会计制度上的一些安排也必不可少。国内发展资产证券化选择了制定部门规章——试点——总结——逐步立法的发展路径。这样的做法应该说与国内的实际情况相适应，也符合中国金融改革的一贯思路。目前的法律法规需要在三个领域作进一步的明确——资产出售的会计处理、资产转移的税收问题以及在抵押贷款发放和证券化过程中征收的各种费用。政府部门在制定政策时应树立"出表、免税、少收费"的理念。如果银行发放贷款的目的是为了出售（新发放贷款证券化），这些贷款应从银行的资产负债表中移除，这一点非常关键。由于这些贷款脱离了银行的资产负债表，所以不会带来任何利率风险。其次，当银行将贷款从自身的资产负债表转移至发行资产证券化证券的信托机构的资产负债表时，不应征收任何税赋，因为证券化过程中任何税收征缴都会使得证券化无利可图。税收将由最终的投资者承担。最后，在资产证券化交易的整个过程中，应尽量少收取各种各样的费用。原因同上，过多的费用会大幅度增加证券化的成本，以致降低其融资效率。此外，国内资产证券化试点中SPV的法律地位也不甚明确。由于国内《公司法》的规定，SPV这种没有注册资本，只有一笔资产和一笔负债的机构无法注册为公司法人，因此只能选择信托模式。但《信托法》对受托人如何以信托财产为支持发行信托受益凭证并无规定，造成受托机构发行资产支持证券无法可依。法律制度的建设应与试点工作齐头并进，应在总结经验的基础上尽早出台专门法律，如此方能为资产证券化的长远发展奠定基础。

培育市场参与主体

资产证券化作为一种复杂的金融交易，需要许多中介机构的共同协作才能完成，比如投资银行、信用评级机构、律师、会计师、担保人和信用增级方，等等。中介机构的作用在于确保交易在法律、会计、现金流和信用风险等诸多方面合理地搭建结构，明确识别和保护交易中发起人/出售人、发行人、服务方和投资者（受益权证持有人）各方的利益。比如在美国市场，投资银行在资产证券化交易中发挥了巨大作用，不仅负责证券的设计、发行，还要在证券上市后担当做市商，提供市场流动性。国内的资产证券化产品目前分别在银行间债券市场和交易所市场交易，两个市场没有联通，加之没有做市商制度，证券流动性和市场交易活跃程度受到限制。如此一来，市场的价格发现功能大大受到限制。信用评级机构在资产证券化交易中也扮演着重要角色，评级机构不仅要在证券发行时对基础资产和产品本身进行风险评估，还要在发行后对证券的表现进行持续跟踪，直至证券得到完全偿付。其作用就在于，站在独立第三方的角度对交易的风险发表意见，增强市场透明度，保护投资者的知情权，维系市场信心。可以说资产证券化市场的发展壮大离不开信誉卓著的信用评级机构。

此外，对中国资本市场的参与者来说，资产证券化仍然属于相对较新的概念。尽管参与者可能知道资产证券化的一般概念，但未必能充分意识到资产证券化的诸多好处。在新的概念应用于实际的初期阶段，教育和培训非常关键。确保业务操作在一开始就严格朝着正确的方向发展至关重要。

培训人才资源

资产证券化是一种结构复杂的金融产品，交易过程涉及多方市场参与者，如银行、信托机构、会计师事务所、律师事务所、信用评级机构以及投资银行等等。各方参与者唯有通力协作、各司其职，方能成功推出资产证券化产品。法律法规仅在法律责任层面对各机构的职责作出区分，要想真正做到机构间密切、融洽地合作，必须有稳定、明确的行业惯例可供遵循。行业惯例非一朝一夕所能成就。只有多开展试点，才能为市场各方提供观摩学习的机会，并在参与机构的长期磨合中形成为市场认可的行业惯例。

积累资讯及数据

证券化在初期面临的一个主要困难是，缺乏基础资产的各种信用历史数据。以住房抵押贷款为例，这当中既有宏观数据，比如总的住房存量、其中有多少拥有住房抵押贷款、房屋的转手率、提前偿还率等；也包括微观数据，比如可靠的房价历史数据和借款人的收入、就业、担保数据等。这些数据对于评估住房抵押贷款的风险至关重要，是判断 RMBS 风险程度的基础。因此，缺乏充足的数据增加了确定资产证券化产品现金流结构的难度，证券化产品的信用状况也难以得到准确及客观的衡量。尤其是，投资者无法对证券定价产生信心，难以准确计算投资回报率，影响了对证券化产品的投资需求。

培养投资者

任何一个新的投资产品都需要相当一段时间来培养投资

者。在资产证券化方面，投资者需要了解产品的现金流结构、投资回报的高低（相对其他投资产品）及信用评级的准确性和客观性等要素。唯有那些风险和回报相匹配的产品才能吸引到广大的投资者，促进证券化的加速发展。其实，反过来说，关键的投资者也应该积极地鼓吹加速资产证券化的发展。既然保险公司和养老基金是资产证券化最大的受益群体，它们应当在推动银行开展资产证券化方面发挥积极作用。它们应当表明，长期固定利率资产（如固定利率住房抵押贷款）是符合其需求的理想的投资产品，并明确表示将积极竞购银行新发放的住房抵押债务。有投资者一方的强力支持，银行在开展资产证券化时会更有把握。

对国内资产证券化发展的寄望

资产证券化虽然在美、欧及日本已经有了将近 30 年的历史，但对中国金融市场而言仍属于金融创新产品。它为提高中国金融市场的效率、化解直接融资与间接融资失衡的矛盾提供了新的解决思路和操作手段。市场参与各方应站在完善资本市场基础构架、促进商业银行转型、推动金融体制改革的高度看待资产证券化。监管部门应因势利导，充分调动各方积极性，加快完善制度环境，积极推进资产证券化在中国的发展。一个可行的办法是，推动那些需要流动性的中小银行开展证券化业务。这些银行资本金规模小、流动性相对缺乏，在一定程度上限制了其快速发展。资产证券化可以加快这些银行的资金周转速度，提高资金使用效率，在获得证券化产品管理费的同时，扩大其贷款发放规模。这无疑是中小银行加快发展、增强市场竞争力的有效途径。

我们衷心地期望，国有银行能够通过扩大试点体验到资产证券化对提高银行管理水平的重要性，了解到资产证券化在帮助银行有效控制信用、利率以及期限风险方面发挥的作用。我们更希望国有银行能树立作为领导者的使命感，以资产证券化的方式真正帮助银行从高度依赖利差收益转型为获取服务收益。把现有的资产拿来证券化仅仅是推广证券化的第一步。从发展远景看，当市场各方面条件具备后，银行可以在发放贷款的同时就将其通过证券化出售。在业务拓展方面，也希望监管部门能够着眼于提高证券化产品流动性，将银行间市场与交易所市场在信息、操作、市场流通方面合二为一，为证券化产品发行人和投资者创造统一的交易平台。当银行有了积极开展资产证券化业务的动力，证券化产品有了庞大的投资者基础，加上有效率的二级市场，完善而具规模的资产证券化市场在中国将指日可待。

术语索引*

* 术语索引中术语后数字为术语所在的章序。——译者注

B

D

F

J

L

O

P

Basics of Mortgage-Backed Securities/Joseph Hu
ISBN：1-883249-87-2

图书在版编目（CIP）数据

资产证券化：理论与实务/（美）扈企平著；李健译. —北京：中国人民大学出版社，2007

ISBN 978-7-300-08120-5

Ⅰ. ①资… Ⅱ. ①扈… ②李… Ⅲ. ①资本市场-研究-中国②证券投资—研究—中国 Ⅳ. ①F832.51

中国版本图书馆 CIP 数据核字（2007）第 070750 号

资产证券化：理论与实务

［美］扈企平（Joseph Hu） 著

李健 译

出版发行	中国人民大学出版社		
社　　址	北京中关村大街 31 号	**邮政编码**	100080
电　　话	010－62511242（总编室）		010－62511398（质管部）
	010－82501766（邮购部）		010－62514148（门市部）
	010－62515195（发行公司）		010－62515275（盗版举报）
网　　址	http://www.crup.com.cn		
	http://www.ttrnet.com（人大教研网）		
经　　销	新华书店		
印　　刷	北京易丰印捷科技股份有限公司		
规　　格	155 mm×230 mm　16 开本	**版　　次**	2007 年 6 月第 1 版
印　　张	14.5　插页 2	**印　　次**	2013 年 12 月第 3 次印刷
字　　数	170 000	**定　　价**	36.00 元